MICHEL PICCOLI
mit GILLES JACOB

Ich habe in meinen Träumen gelebt

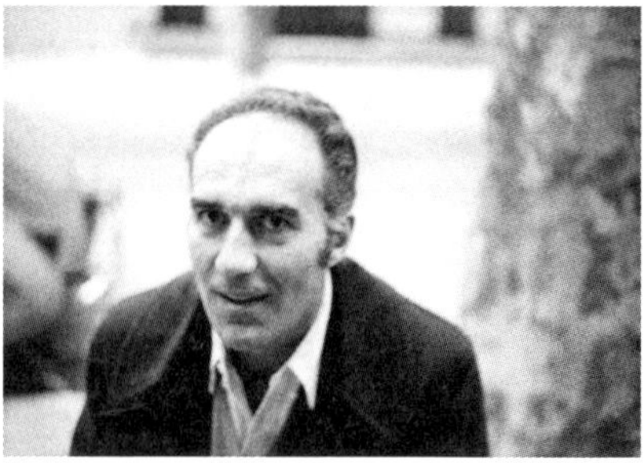

Michel Piccoli

mit Gilles Jacob

ICH HABE IN MEINEN TRÄUMEN GELEBT

Erinnerungen

*

Aus dem Französischen und
mit einem Nachwort von Ralph Eue

Alexander Verlag Berlin

Alexander Verlag Berlin –
ein unabhängiger Verlag seit 1983

Dieses Buch erscheint im Rahmen des Förderprogramms des französischen Außenministeriums, vertreten durch die Kulturabteilung der französischen Botschaft in Berlin.

Besonderer Dank gilt Ludivine C. Piccoli für ihre Hilfe sowie Rosalie Varda, Ruth Walz und Gilles Jacob für ihre Unterstützung bei der Bildbeschaffung.

Alexander Wewerka · Fredericiastr. 8 · 14050 Berlin
info@alexander-verlag.com | www.alexander-verlag.com

Lektorat: Marilena Savino
Satz, Layout, Umschlaggestaltung: Antje Wewerka

Druck und Bindung: FINIDR s. r. o., Český Těšín
Printed in the Czech Republic (May) 2024
ISBN 978-3-89581-603-1

Inhalt

9 Juillet 2000

Cher Gilles,

Discret.

Nous aimons l'été.

Je pourrais être indiscret.

Je le regretterais

En ce qui vous concerne, juste un entrefilet.

Trois mots : à l'amitié.

Embrassades à Jeanette.

Michel P.

Mein lieber Michel …

– Nun tauschen wir uns schon bald vierzig Jahre lang aus.

– Wie bitte?

– Aber klar doch, Briefe, mein Gott.

Wir haben uns diese Zettel geschrieben, um uns zu überraschen und gegenseitig unsere Aufmerksamkeit zu wecken. Und ja, es gefiel Ihnen schon immer, für Verblüffung zu sorgen.

Andere aus der Fassung zu bringen, egal ob auf der Bühne, im Kino oder im Leben, das machte und macht Ihnen noch immer Spaß, wie diese Wutanfälle beweisen, bei denen plötzlich Wörter aus Ihnen herausbrechen wie Hagelkörner, wenn jemand Sie vor den Kopf stößt und Sie ihm das dann offen ins Gesicht sagen. Und übrigens, die Überraschung, ist das nicht eine Ihrer Spezialitäten?

Sie haben die Routine immer abgelehnt, Sie sind immer hellwach geblieben. Und Sie scheuen sich auch nicht, andere bis zur Dreistigkeit herauszufordern!

Schauspieler zu sein, heißt, in der Illusion zu leben, sich immer wieder neue Identitäten zu erfinden. Wenn Sie sich bei Filmproduzenten für Probeaufnahmen vorstellten, kam es vor, dass Sie dafür in einem so unerwarteten Aufzug erschienen – Schnurrbart, Vollbart und Perücke, die Aufmachung samt Ticks –, dass man Sie auf der Stelle engagierte.

Im Theater, mitten in der Vorstellung, zögerten Sie nicht, ohne Vorwarnung eine szenische Variation auszuprobieren oder ein Schweigen zu betonen, jedoch nicht, um ihr Gegenüber damit zu verunsichern, sondern um sich ein bisschen Abwechslung zu verschaffen und sich in den Beinen und im Geiste aufzulockern.

An Humor fehlt es Ihnen offensichtlich nicht; und wenn ich mich wohlfühle, bin auch ich nicht auf den Mund gefallen. So kam es zwischen uns zu lebhaften Diskussionen, zu amüsanten Wortgefechten, die wir uns Schlag auf Schlag lieferten, völlig freundschaftlich und ohne den anderen zu kränken, ganz so wie bei brüderlichen Sticheleien.

Ich weiß nicht mehr, wann das angefangen hat.

Es muss in den 1970er-Jahren gewesen sein.

Ja, das erste Mal sind wir uns ein paar Monate nach dem Mai 68 begegnet. Ich war damals Filmkritiker und Sie ein Schauspieler auf dem Gipfel seines Ruhms. Doch, doch! Ach, kommen Sie … Damals ging ich nicht ins Theater, jedenfalls nicht mehr als heute. Das hat mit meiner Statur zu tun: Ich habe zu lange Beine und der lächerlich geringe Abstand zwischen den Reihen machte mir furchtbar zu schaffen! Also setzte ich mich schräg und riskierte, von der Nachbarin, die sich belästigt fühlte, weil ich ihr Knie streifte, eine Ohrfeige zu kassieren.

Das Kino war etwas anderes. Ich staunte über diesen Michel Piccoli, der sich, auf dem Höhepunkt seiner Kunst, in seinem tollen Metier austobte, zum Beispiel in den Filmen von Claude Sautet: *Les choses de la vie; Vincent, François, Paul … et les autres; Max et les ferrailleurs*. Ich identifizierte mich mit ihm, wenn er Romy küsste, wenn er, wie in *Le Mépris*, die Bardot eskortierte (oh, Michel, das Weichei, mit seinem kleinen Hütchen, ah, Brigitte in ihrer prachtvollen Nacktheit!) oder in seinen Szenen mit der Deneuve in *Belle de jour*. Auch wenn er vor der Kamera von Ferreri, Granier-Deferre, Girod, Berlanga und so vielen anderen stand. 150 Charaktere, die allein Ihnen gehören! Sie haben sie gespielt, verkörpert, interpretiert und Sie haben sie unvergesslich gemacht.

Sie waren schon immer neugierig auf Menschen und Dinge, Sie lernten gern Neues kennen und als wir uns endlich begegneten, während einer Preisverleihung im Casino von Charbonnières-les-Bains, schlossen wir Bekanntschaft nach Art der Katzen: interessiert, abenteuerlustig, aber auch auf der Hut. Denn natürlich suchten Sie nicht die Gunst eines dieser kleinen Kritiker, während ich, hingerissen von Ihrer Einfachheit, Sie nicht belästigen wollte.

Ich weiß also nicht mehr, wer damit begonnen hat, aber wenig später fingen wir an, uns zu schreiben, einander zu antworten, Witze zu machen, zu lachen, uns Nichtigkeiten zuzuspielen – Sätze, Zeichnungen, Anekdoten, Briefumschläge; diese in Versen adressierten Briefumschläge, die die Aufmerksamkeit des Postboten ebenso wie die des Empfängers auf sich ziehen. Manchmal kamen die Briefe zu spät an, manchmal überschnitten sie sich, manchmal vergaß man sie zu öffnen (nicht ich!). Das Tolle am Briefeschreiben ist, dass es Vertrautheit erlaubt und gleichzeitig Distanz wahrt. Eine solche Freundschaft einzugehen, heißt, sich Dinge anzuvertrauen, die man sich weder in der Öffentlichkeit noch unter vier Augen sagen würde.

Ich fand zunehmend Gefallen an Ihrer Begeisterungsfähigkeit, Ihrer Aufmerksamkeit anderen gegenüber, Ihrer Großzügigkeit, Ihrem eleganten Auftreten, selbst an Ihren Zornesausbrüchen und natürlich an Ihrem immensen Talent. (Ah, nicht schon wieder!) So wurden wir allmählich Freunde, ohne dass diese Freundschaft, über Unterbrechungen und weite Strecken des Schweigens hinweg, jemals mit unseren unterschiedlichen Berufen in Konflikt geraten wäre.

Als ich an die Spitze des Festivals von Cannes berufen wurde, habe ich Sie, Michel, oft mit diesem oder jenem Film eingeladen, nie aber, um Ihnen einen Gefallen zu tun, sondern weil diese Filme gut waren, urkomisch, ungewöhnlich, fremd, provozierend, unerhört und – ich würde es sogar mit einem Adjektiv versuchen, das Ihnen sicher nicht missfallen wird – buñuelesk.

Im Übrigen waren Don Luis und Sie wie füreinander geschaffen: der gleiche Abscheu vor Angeberei, die gleiche Hingabe an die Arbeit, die gleiche Vorliebe für Scherze, guten Wein, die Frauen, die Stille.

Einmal, während einer Hommage für Youssef Chahine, ich hatte gerade meine Rede beendet, da sind Sie auf den Tisch gesprungen und haben mit erhobener Faust gerufen: »Es lebe Chahine, es lebe Jo!«*

Und alle haben eingestimmt: »Es lebe Jo!«

Was für ein aufregender Abend, wenn ich daran zurückdenke.

Ein anderes Mal, 1999 glaube ich, waren Sie es, den ich feiern durfte, und Sie sagten: »Als Gefeierter *[l'hommagé]* nehme ich die Ehrung an, aber als alter Mann *[l'homme agé]*, nein.« Ich erinnere mich noch, Sie portraitiert zu haben: äußerlich eine finstere Erscheinung von kräftiger Statur und breiter Stirn, direkt wie aus einem Roman von Victor Hugo. Nicht zu vergessen die schwarz-samtenen Augen, Ihr einnehmendes, unbekümmertes, freches Wesen und Ihre Stimme, die hypnotisch wirkt.

Ihr Vater war Violinist, Ihre Mutter Pianistin und Sie sind Solist: Sie spielen mit der menschlichen Stimme, einer Stimme, die zugleich sanft ist und liebkosend, beunruhigend und stark, deren kleinste Modulation man sofort erkennt…

---

* So wurde Youssef Chahine von denen genannt, die ihm nahestanden.

Eben diese Stimme habe ich in unseren Briefen wiedergefunden.

In sehr großen Schauspielern steckt immer ein kleiner Kern Verrücktheit, der sich im dämonischen Blick, in bestimmten Gesten, in der Kühnheit eines Auftritts zeigt: Michel Simon und Charles Laughton hatten das, auch Serrault und Le Vigan, ebenso Jules Berry und Saturnin Fabre sowie heutzutage Depardieu und eben auch Sie. Man schaue sich nur *La grande bouffe, Themroc* oder *Le trio infernal* an, um nur die zu erwähnen, die mir gerade in den Sinn kommen.

Dieser Extravaganz begegne ich manchmal auch in unseren Briefen, in dieser gemeinsamen Liebe zum Wort und zur Abschweifung, die uns weit tragen kann, so stark ist unser Einvernehmen.

Unsere Korrespondenz, gelegentlich scherzend, gelegentlich ernst, manchmal respektlos, immer warmherzig, liegt hier vor mir. Ich lese sie, ich berühre sie, ich rieche an ihr, versuche sie zu durchdringen, ich betrachte Ihre schöne Schrift, die leicht geneigt ist, anders als Sie, der Sie so aufrecht sind in Haltung und Moral.

Lassen wir doch die, die Sie lieben, einmal an unserer Komplizenschaft teilhaben.

Sicher hinderte uns unsere Zurückhaltung daran, uns vollkommen zu offenbaren. Und es gibt Aussetzer in diesem Ping-Pong. Briefe, die verloren gingen, und Zeiten, in denen wir zu beschäftigt waren, uns ein Lebenszeichen zu schicken.

Lassen Sie uns also weiter und tiefer gehen, wahrhaftiger werden.

Am Beginn meines Verlagslebens hatte ich die Korrespondenz von François Truffaut gesammelt und veröffentlicht – was für einen Anfang gar nicht so schlecht ist. Es würde mir gefallen, das Gleiche mit Ihnen zu versuchen, in einer vertraulichen Rückkehr zu den Wurzeln: den Lebensfaden anhand eines Briefwechsels noch einmal zu spinnen – ist das nicht so, als wären Sie zu einem vom Schicksal arrangierten Gipfeltreffen eingeladen?

Wären Sie dazu bereit, Michel? Wirklich? Ernsthaft?

Aber Vorsicht, ja! Keine Tricks, keine falschen Papiere.

Zeigen Sie doch einmal Ihr Passfoto her … Kein Zweifel, Sie sind's.

Na gut, brechen wir also auf.

I.

Die Kindheit

Lieber Michel,

ich weiß, dass Sie ein Mensch sind, der sehr wenig spricht und nicht zu Vertraulichkeiten neigt. Ich weiß auch – darin gleichen wir uns –, dass Ihnen das Gedächtnis manchmal Streiche spielt. Aber da wir dieses Spiel nun seit gut vierzig Jahren spielen, so lange schreiben wir uns schon, und dabei alles aufschreiben, was uns gerade durch den Kopf geht, auch Finten, Sticheleien, Scherze, wie sie auch Alfred Jarry hätte machen können oder, bei allem gebührenden Respekt, Flaubert in seinem Briefwechsel mit Maxime Du Camp[1] *– warum also nicht fortfahren und dabei die Zeit zurückdrehen. Schreiben Sie mir doch mehr über Ihre Familie und Ihre Eltern, über Ihre Kindheit und vor allem über Ihren Wunsch, Schauspieler zu werden. Wie kam es dazu? Wie würden Sie den Beginn Ihrer Berufung schildern? Haben Ihre Eltern Sie unterstützt oder mussten Sie kämpfen? Kurzum, heute gibt es kein Entkommen, kein Ausweichen und auch keine Nebelkerzen …*

***

Lieber Gilles,
dass ich geboren wurde, war ein Zufall – ein Zufall und ein Ersatz.

Ich will es Ihnen erklären: Vor mir hatten meine Eltern ein Kind, einen Jungen, der nicht überlebt hat. Meine Mutter war wie besessen von diesem verstorbenen älteren Bruder und sie sagte sich, sie würde nie wieder mutig genug sein, eine Familie zu haben oder, anders ausgedrückt, ein weiteres Kind zu bekommen. Und doch hat mich meine Mutter auf die Welt gebracht.

Zweifellos bin ich sehr glücklich, geboren worden zu sein, obwohl ich, wenn ich die Umstände meiner Geburt richtig bedenke, auch sagen könnte, dass ich einen schlechten Start hatte. Es fühlt sich nicht besonders angenehm an, sich selbst als jemanden wahrzunehmen, der ein Ersatzkind ist. Ich hatte das tatsächlich immer im Kopf: Ich wäre nicht gezeugt worden und würde nicht leben, wenn mein Bruder nicht gestorben wäre. Ich bin sein Stellvertreter.

Während meiner gesamten Kindheit, ich bin ja Einzelkind geblieben, war dieses Phantom um mich, und manchmal hatte ich den Eindruck, dass meine Mutter, die nicht sehr mitteilsam war, sich nur äußerte, um über diesen toten Bruder zu sprechen. Ich höre noch immer ihre Stimme: *Dein kleiner Bruder, dein kleiner Bruder, dein kleiner Bruder.* Obwohl er geboren wurde, bevor ich auf die Welt kam, habe ich nie aufgehört, an ihn zu denken wie an einen *kleinen Bruder*, dessen älterer Bruder ich wurde und der mich allein gelassen hatte. Auch heute noch denke ich so. Ich stelle mir immer noch die gleichen Fragen. Warum hat er nicht überlebt? An welcher unbekannten Krankheit ist er gestorben? Was bedeutet es, dass ich auf der Welt bin statt dieses *kleinen Bruders*? Es ist ein Ursprung, der einen unauslöschlich prägt. Er bestimmte die Beziehung, die ich zu meinen Eltern hatte und die sich auf ziemlich beängstigende Weise entwickelte, speziell zu meiner Mutter. *Dein kleiner Bruder, dein kleiner Bruder, dein kleiner Bruder, dein kleiner Bruder …* Oft hatte ich Lust, einfach nur zu schreien: Es reicht!

Abgesehen von der Anekdote dieser zufälligen Geburt weiß ich kaum etwas Genaues. Im Großen und Ganzen erscheint mir die Geschichte meiner Familie weit entfernt und wie verblasst. Was mir geblieben ist, sind eigentlich nur Fragmente.

Ich weiß, dass mein Großvater mütterlicherseits ein ziemlich reicher Geschäftsmann war, dass er eine Farbenfabrik nahe der Place d'Italie besessen hatte und dass er in der Politik war. Ich bin ihm nur einmal begegnet. Ich war ganz klein und habe nur ein vages Bild von ihm, wie wir in einem Restaurant sind und er für fünf isst. Dann verschwindet er aus meinem Gedächtnis. Ausgelöscht. Tot. Dieser Großvater soll, wenn ich der Familiensaga Glauben schenke, alles verloren haben in der Krise, die dem Ersten Weltkrieg vorausging. Ihr ganzes Leben lang hing dieser Ruin meiner Mutter nach. Diese Deklassierung hatte in ihr eine bleibende Bitterkeit ausgelöst.

Eine Familie, die arm ist, hat wenig gemein mit einer, die ihr Geld verloren hat. Das ist nicht das Gleiche. Man lebt das Leben nicht auf die gleiche Weise. In meiner Mutter lebte die Erinnerung an das Geld fort, das ihr Vater einmal besessen hatte, und auch an das damit verbundene Prestige. Sie empfand sich als benachteiligt, zumal ein anderer Zweig der Familie wohlhabend geblieben war. Mehrere Male haben mir diese reichen Verwandten Pakete mit Kleidung geschickt. Eine demütigende Erinnerung.

Über die Familie meines Vaters hat man mir nie irgendetwas erzählt. Er kam jedenfalls aus Italien, daher auch mein Name. Ich weiß so gut wie nichts über seine Vergangenheit und habe keinen blassen

Schimmer, wie er und meine Mutter sich kennengelernt haben. Ich glaube nicht, dass mir meine Eltern je davon erzählt haben oder dass ich irgendwann versucht hätte, das zu erfahren.

Wer waren sie, meine Eltern? Wie habe ich sie wahrgenommen und wie habe ich als Kind mit ihnen gelebt? Haben sie Einfluss darauf gehabt, wer oder was ich werden wollte? Spielte die Tatsache, dass sie beide Künstler waren, eine entscheidende Rolle? Noch heute frage ich mich das.

Mein Vater war Violinist und meine Mutter Pianistin. Er spielte im Orchestre Colonne die dritte Geige und das fünfzig Jahre lang. Er arbeitete immer. Wenn es Ferien gab, so waren die nicht dazu da, sich zu erholen. Nein, wir fuhren nach Dieppe, wo meine Eltern jeden Sommer dasselbe Haus mieteten, weil mein Vater im Casino-Orchester spielte, vor einem Publikum, das kaum zuhörte. Meine Erinnerungen an diese Ferien sind nicht besonders schön. Vor allem ist da meine genervte Mutter, die sich dauernd darüber beschwerte, dass man ein Häuschen hinten im Garten aufsuchen musste, um zur Toilette zu gelangen …

Diese Mutter, die so schnell unzufrieden wurde, war ebenfalls Musikerin. Immer hatte sie ihre Klavierstunden sehr gewissenhaft, sehr rigoros absolviert und sie spielte auch sehr gut. Ich sehe sie noch manchmal an ihrem Instrument sitzen, im Wohnzimmer, das zugleich »mein« Zimmer war, weil ich dort auf dem Sofa schlief. Aber diese Erinnerungen kommen selten: Sie spielte kaum für sich selbst, also einfach nur um der Lust am Spiel willen. Sie wäre gern Solistin geworden, eine Virtuosin, aber es gelang ihr nicht. Sie wurde Musiklehrerin. Ihr Klavier hat ihr schließlich eine Tätigkeit verschafft, der sie sich weder mit Leidenschaft noch mit Begeisterung widmete. Für sie war Musik keine Kunst mehr. Während meiner Kindheit hatte ich das Gefühl, dass meine Mutter, um ihr Geld zu verdienen, ihren Schülern jeden Tag dieselbe Übung aufzwang. Ein Metronom, das niemals stillsteht.

Im Zusammenhang mit dem Klavier fällt mir eine belastende Erinnerung an meine Kindheit ein. Mit ihrem Bemühen, auch mir das Klavierspiel beizubringen, kam meine Mutter nicht weit. Ich wollte nicht lernen. Schon die Hände auf die Tastatur zu legen, war mir unangenehm. Von Vergnügen keine Spur, niemals, und Fortschritte machte ich ganz entschieden keine. Als sie mich fragte, warum ich so widerwillig Klavier übte, sagte ich ihr, dass

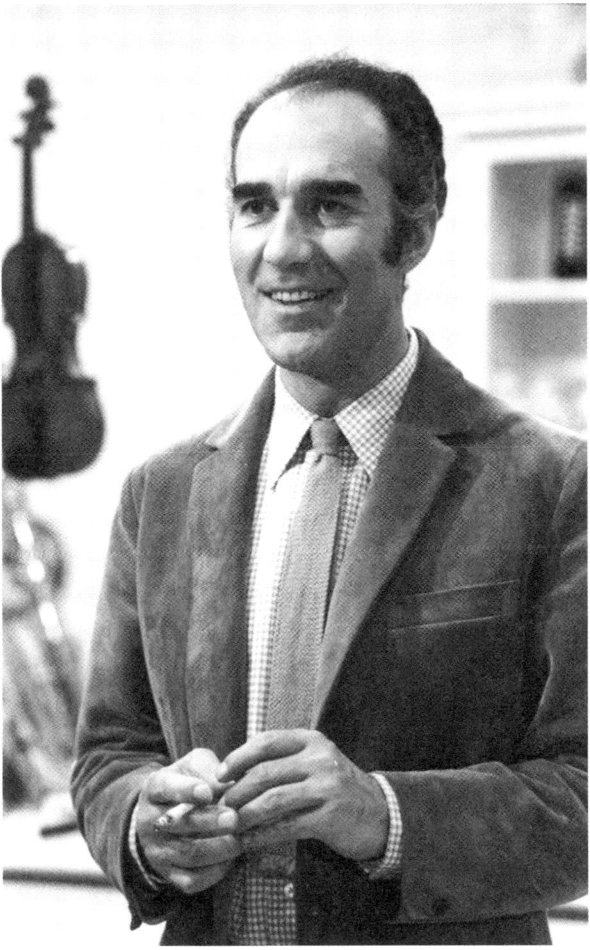

Michel Piccoli bei den Dreharbeiten zu
Les Demoiselles de Rochefort von Jacques Demy, 1966

meine Augen schmerzten und ich schlecht sähe. Sie brachte mich sofort zu einem Arzt, der mich untersuchte, aber nur feststellen konnte, dass ich keinerlei Probleme mit den Augen hatte. Ich hatte natürlich nur nach einer Entschuldigung gesucht, mich vor dem Üben zu drücken. Schließlich knickte meine Mutter vor meiner kindlichen Laune ein. Sie sah ein, dass ich sowieso nie Klavierspielen lernen würde. Heute jedoch bedauere ich, dass sie nicht darauf bestanden hat. Mein damaliges Verhalten kommt mir erbärmlich vor, sowohl meiner Mutter gegenüber als auch mir selbst.

Das Klavier aufzugeben, bedeutete aber nicht, dass ich zur Violine überlief. Ich glaube nicht, dass meinem Vater etwas daran lag, mir sein Instrument nahezubringen. Das war auch gut so. Es hätte mich verrückt gemacht, mich daran versuchen zu müssen, so ein schwieriges Instrument zu beherrschen.

Ich habe keine Erinnerung daran, dass mein Vater und meine Mutter zu ihrem Vergnügen gemeinsam musiziert hätten. Meine Eltern empfanden keine große Liebe für ihren Beruf. Mein Vater spielte zwar oft auf seiner Violine, machte aber den Eindruck, dass es ihn anstrengte. Er betrachtete die Musik wie ein Amt, das er ausfüllte, sehr organisiert, sehr diszipliniert. Ein zartes Bild steigt in mir auf, wenn ich an seine leicht verdrehte Silhouette denke, während er Tonleitern übte. Aber es lag keine Begeisterung darin. Ich stamme von Eltern ab, die Künstler waren, es aber nicht verstanden, mich in die Kunst einzuführen. Damals machte mich diese Feststellung traurig. Und auch wenn ich heute daran zurückdenke, verwirrt es mich. Wie kann man leben und Musiker sein, ohne dabei Vergnügen oder Begeisterung zu empfinden?

Die etwas trüben Gedanken an meine Eltern stehen im Gegensatz zu der heiteren Erinnerung an meinen Onkel, den Bruder meines Vaters, ebenfalls Violinist, und an seine Frau, auch sie Pianistin. Sie verkörperten ein Paar, das mich mehr faszinierte und interessierte als jenes, aus dem ich hervorgegangen war. Sie waren das positive Gegenstück zu meinen Eltern. Wenn man nach Einflüssen oder Vorbildern suchen will, dann findet man sie wahrscheinlich eher dort.

Mein Onkel und meine Tante wohnten in Sceaux. Ich liebte es, sie zu besuchen. Für kurze Zeit entkam ich meiner bedrückenden Umgebung. Meine Eltern und ich wohnten hinter dem Rathaus an der Place d'Italie. Unsere Wohnung lag in einer kleinen

Straße, wo es eine Polizeistation, ein Bestattungsinstitut und ein Stundenhotel gab. Es war eine bescheidene Dreizimmerwohnung. Es gab das Zimmer meiner Eltern, einen weiteren winzigen Raum und das Wohnzimmer, in dem gegessen wurde und wo ich schlief. Mein Bett stand im Wohnzimmer, ich hatte kein eigenes Zimmer. Ich glaube nicht, dass ich deswegen unglücklich war, aber meine Kindheit verlief ohne jegliche Privatsphäre und im Gefühl, kein eigenes Leben zu haben. Ich war wie ein Untermieter bei meinen Eltern, ohne einen Ort, an dem ich für mich war oder wohin ich mich hätte zurückziehen können. In meiner Erinnerung bin ich nur irgendwie da gewesen, saß auf dem Sofa, das mein Bett war, während meine Mutter ihren Unterricht abhielt, den ich still beobachtete.

Ich mochte die Atmosphäre, die mein Onkel um sich herum verbreitete. Ich empfand ihn als strahlend. Im Unterschied zu meinem Vater, der mich mit Geschichten zum Lachen zu bringen versuchte, die überhaupt nicht lustig waren, war mein Onkel ein wahrer Erzähler. Er kannte Tausende von erstaunlichen und wunderbaren Geschichten. In seiner Gegenwart öffnete sich eine Welt. Er war viel gereist, auch um *den Wilden da unten im Sü-*

den – wie man damals sagte – Musikunterricht zu geben, und ich stellte ihn mir als fahrenden Geiger vor. Ich mochte ihn sehr. Ebenso seine Frau, meine Tante. Sie verwöhnten mich. Sie schenkten mir *Lebenszeit* und besondere Momente. Um sie herum war Fröhlichkeit und Fantasie. Sie wären sehr glücklich gewesen, mich als Kind zu haben. Mit ihnen hatte ich eine Vertrautheit, die ich mit meinen Eltern nicht hatte. Sie also, mein Onkel und meine Tante, waren meine Vorbilder, nicht meine Eltern. Sie waren seltsam, diese beiden Paare, scheinbar so ähnlich – ein Geiger und eine Pianistin – und doch so unterschiedlich …

Ich weiß nicht, ob mein Onkel besonders treu war. Ich erinnere mich, dass meine Mutter manchmal zu meinem Vater sagte – der, wie immer, nicht weiter darauf einging – , dass sein Bruder es ganz schön übertreibe und nicht besonders seriös sei. Diese Anspielung war eindeutig. Betrog er meine Tante? Ich habe nie eine Spannung zwischen den beiden bemerkt. Sie haben einander angebetet, ohne jeden Zweifel. Im Gegensatz zu meinem Vater und meiner Mutter, die kaum Spaß an irgendetwas hatten, waren mein Onkel und meine Tante voller Leidenschaft, sowohl füreinander als auch für ihre Musik.

Die Verbindung meiner Eltern war nicht besonders glücklich. Es gab keine Gewalt zwischen ihnen. Es gab auch kein großes Unglück. Sie mochten einander, aber sie langweilten sich. Ihre Beziehung machte nicht den Eindruck, auf tiefer Verbundenheit zu beruhen. Sie waren ein Mann und eine Frau, die sich aneinander gewöhnt hatten. Eines Tages sagte meine Mutter etwas, das mich sehr kränkte: »Du solltest wissen, dass dein Vater und ich uns wegen dir nicht haben scheiden lassen.«

Mein Vater war ein stiller Mann. Neben seiner Violine hatte er seine Frau und diesen Sohn, der gestorben war. Danach hat er einen anderen gezeugt, mich, als Ersatz, aber der erste blieb wie ausradiert, aufgelöst im Bild. Meine Geburt hat die Situation zweifellos beruhigt, ich meine, sie hat etwas von der extremen Spannung und der Niedergeschlagenheit genommen, die Eltern befällt, wenn sie eine solche Trauer durchleben. Mein Vater hat mich allerdings auch nicht besonders liebevoll behandelt, was mich immer bekümmert hat. Bekümmert und erstaunt. Es tat mir leid. Zwischen uns bestand immer eine Distanz, unter der ich sicher gelitten habe. Ich kann mich nicht erinnern, dass mir mein Vater bei meinen Schulaufgaben geholfen hätte. Obwohl, wenn ich das sage, muss ich mich auch schon wieder korrigieren, denn es soll nicht der Eindruck entstehen, als wolle ich meine eigene Faulheit, die mich zum schlechten Schüler hat werden lassen, auf die Distanziertheit meines Vaters schieben, was zumindest ungerecht wäre.

Einmal, ganz am Ende seines Lebens, passierte etwas, das mich zutiefst erschütterte, und wir sprachen miteinander. Ich werde mich immer an diesen Moment erinnern. Er war noch um einiges jünger, als ich es heute bin, aber trotzdem machte sich sein Alter bemerkbar. Er streckte mir seine Hand hin, damit ich sie küsste. Er lag in seinem Bett und sagte zu mir, weil er wusste, dass ich gerade mehrfach hintereinander mit verschiedenen Theaterrollen erfolgreich gewesen war: »Jetzt, wo du Geld verdienen wirst, wirst du glücklich sein.« Ich küsste seine ausgestreckte Hand. Soweit ich mich erinnere, war das der einzige Moment, in dem ich mich meinem Vater nahe fühlte. An diesem Tag erfuhr ich auch, dass mein Vater sehr krank war und sein Ende nahte, und da bemerkte ich noch einmal, dass er nicht glücklich gewesen war und dass ihm seine Geige und meine Mutter nicht gereicht hatten. Dann starb er. Er starb sanft, *ohne große Umstände*, um einen

Ausdruck zu verwenden, der vielleicht unpassend erscheint, mir hier aber gut gefällt. *Ohne große Umstände*, das heißt, er hatte keine Zeit zu leiden oder sich zu beklagen.

Wenn ich jetzt daran denke, fällt mir auf, dass ich gar nicht weiß, woran er eigentlich gestorben ist. Starb er vielleicht an Langeweile?

Ich muss der Ehrlichkeit halber hinzufügen, dass ich nicht glaube, dass mich sein Tod besonders erschüttert hat, ebenso wenig wie der spätere Tod meiner Mutter oder der Tod irgendeiner anderen Person aus meiner Familie. Ich war jedes Mal traurig, aber nicht am Boden zerstört. Ich blieb passiv und distanziert, was ziemlich unheimlich ist.

Meine Mutter hat meinen Vater recht lange überlebt und ihr Leben hat sich dadurch verändert. Ich glaube, dass der Tod ihres Mannes die Erinnerung an den Tod ihres Sohnes beruhigt hat. Auch für mich, der noch bei ihr wohnte, veränderte sich das Leben. Ich hatte bereits angefangen, Theater zu spielen, und verdiente ein wenig Geld, dennoch blieb ich noch eine Weile bei meiner Mutter. Ich erinnere mich zum Beispiel an junge Geliebte, die versuchten, mit ihr über mich zu reden, um zu erfahren, warum ich mich von ihnen trennen wollte.

Sie dachten, dass meine Mutter, die natürlich nicht wusste, was sie antworten sollte, ihnen den Schlüssel zu meinem Verhalten geben würde.

Aber gehen wir noch einmal zurück. Ich habe bereits angedeutet, dass ich kein guter Schüler war. Was eigentlich noch vorsichtig ausgedrückt ist. Ich bin bis zum Abitur gekommen, das ich aber nicht bestanden habe. Ich glaube nicht, dass ich damals wirklich ein Versager war, aber ich war einfach unheimlich faul. Die Lehrer interessierten mich nicht, sie waren traurige Gestalten von farblosem Ernst. Die Schule selbst hat mich kaltgelassen.

In meiner Kindheit war ich einsam. Einsam und untätig. Ich langweilte mich. Ich existierte, aber nichts passierte. Ich hatte immerhin einen engen Freund, den Sohn eines Arztehepaars, das am Boulevard Raspail wohnte. Reiche Leute, wie man so schön sagt. Aus dieser Freundschaft schöpfte ich Energie, Leidenschaft, Glück. Er starb vor nicht allzu langer Zeit.

Das alles liegt so lange zurück … man will sich gar nicht vorstellen, wie schnell die Zeit vergeht: Fünfundsiebzig Jahre ist es her, dass wir zusammen in der Schule gesessen haben, zur Zeit der deutschen Besetzung, als schon die Schüler begannen, sich die fatale Frage zu stellen: »Magst du eher Pétain oder de Gaulle?«[2] Es war jener historische Moment, in dem jeder von uns seinen Lieblingshelden wählte.

Zum Glück waren meine Eltern für de Gaulle. Und ich weiß noch, dass ich darüber sehr froh war. Ich erinnere mich an diese Szene: Meine Mutter sitzt im Wohnzimmer und unterhält sich mit einem ihrer Brüder, der sie besucht und zufällig auch General ist. Auf einmal höre ich meine Mutter zu ihm sagen: »Ach, wie auch immer! Wenn du General de Gaulle gewesen wärest, ich hätte dir gratuliert!« Der Satz gefiel mir.

Darauf gab es keine Antwort von ihrem Bruder, dem General.

Der Krieg … man sprach mit mir darüber, man erzählte mir davon. Vor allem meine Mutter, die viel über Politik diskutierte, erklärte mir, was zwischen Pétain und den Nazis vor sich ging. Ich erinnere mich an die brüllende Stimme Hitlers aus dem Radio. Ich hatte mich in das Studium von Landkarten gestürzt und dachte darüber nach, welches die besten Strategien wären, um Frankreich zum Sieg zu führen. Was durfte man von Russland erwarten? Würden die Engländer ihre Stellungen halten? Über die Karten gebeugt, träumte ich vor mich hin.

Meine Mutter sagte mir, ich solle aufpassen und meine Sachen wegräumen, so als wäre ich ein Partisan, dem Gefahr drohte, dabei war ich doch nur ein kleines Bürschchen, das Résistance spielte! Allerdings war ein Klassenkamerad von mir tatsächlich so aktiv, dass er ins Gefängnis kam und deportiert wurde. Was mich betrifft, so habe ich gar nicht so viele Deutsche gesehen. Ich habe Paris schnell verlassen. Meine wesentlichen Kriegserinnerungen spielen woanders, in der Corrèze[3]. Es sind fröhliche Erinnerungen.

In dieser Zeit wurde mir auch klar, dass es mich zum Theater zog und dass die Schauspielerei der Beruf war, den ich gern ausüben wollte. Ich sollte wohl erklären, wie es zu diesem Wunsch kam.

1940 kam ich in die Corrèze. Es gab noch keine Demarkationslinie und keine freie Zone, es gab nichts als Krieg, nur Krieg. Meine Mutter und ich hatten gerade angefangen, uns in Orléans einzurichten. Mein Vater war in Paris geblieben. Meine Mutter hatte große Angst um mich und beschloss, mich weit weg zu Verwandten aufs Land zu schicken. Eines Tages sagte sie mir einfach: »Hör zu, Michel, hier ist es zu gefährlich, du solltest zu deinem Onkel und deiner Tante aufbrechen.« Da war ich fünfzehn. Sie gab mir etwas Geld und kaufte mir ein nagelneues Fahrrad, damit ich gut hinkam. Drei Tage lang radelte ich von Orléans nach Tulle[4]. Ich war allein, kam gut zurecht und schlief, wo es eben passte.

Es wundert mich, dass mich meine Eltern unter diesen Umständen so völlig mir selbst überlassen haben. Aber ich kam gut an und lebte eineinhalb Jahre lang in einem ganz kleinen Dorf in der Corrèze. Ich mochte dieses neue Leben inmitten all der Tiere, die ich entdeckte und die mich faszinierten. Mir wurde beigebracht, mich um sie zu kümmern. Ich erinnere mich sogar, wie ich einer Kuh in Not beigestanden habe. Eines Tages, als ich wie üblich zu ihr hinging, sah ich, wie ein Bein aus ihrem Bauch ragte, und ich schaffte es alleine, das Tier zur Welt zu bringen. Danach stürzte ich los und erzählte jedem, der es hören wollte, von meiner Heldentat. Ein Kalb wurde geboren und zwar dank meiner Hilfe.

Eineinhalb Jahre lang war ich sehr glücklich in diesem Haus auf dem Land, zusammen mit Menschen, die ich sehr mochte. Es schmerzt ein wenig, es zuzugeben, ist aber die Wahrheit: Ich war überglücklich, bei diesen Verwandten zu leben, bei denen ich mich viel besser aufgehoben fühlte als bei meinen eigenen Eltern. Zu dieser Zeit verspürte ich eine ständige Lebensfreude. In unserem Land herrschte zwar Krieg, aber wir wurden verschont, denn die Ereignisse kamen ja nicht bis vor unsere Haustür. Wir lebten praktisch autark. Jeden Tag saßen zehn bis fünfzehn Personen am Tisch, die, nicht anders als ich, gekommen waren, um hier Zuflucht zu finden. Vor allem erinnere ich mich an ein polnisches Ehepaar. Vielleicht waren sie Juden, die sich versteckt hielten, ich weiß es nicht mehr. Aber ich erinnere mich, dass sie sehr gebildet waren und mich bei den Hausaufgaben unterstützten.

Dort fing ich auch mit der Schauspielerei an. Mein toller Onkel, der schon erwähnte Violinist, war auch da. Er hatte ein Stück geschrieben, war so etwas wie der Chef der Truppe und hatte sogar eine Möglichkeit aufgetan, es zur Aufführung zu bringen. Das Stück wurde von der ganzen Familie und den Leuten, die um uns herum lebten, gespielt. Es war das erste Mal, dass ich auf einer Bühne stand. Ich war verrückt vor Freude. Ich war glücklich. Ich war für diesen Beruf geschaffen, auch wenn ich mir dessen noch nicht wirklich bewusst war. Es sollte noch etwas dauern, bis mir das völlig klar wurde.

Meine Berufung entdeckte ich nicht durch Besuche im Theater. Als Kind hatte ich ja noch nie eines von innen gesehen. Nie hatte mich irgendjemand in die Comédie-Française[5] oder ins Odéon mitgenommen. Ich erinnere mich noch nicht einmal, ob wir mit der Schule ins Theater gegangen sind. Der entscheidende Auslöser war dieser wunderbare Lehrer, der mich erwartete, als ich nach Kriegsende nach Paris zurückkam. Er unterrichtete nur vertretungsweise und glich in nichts den Lehrern, die ich bis dahin kennengelernt hatte. Er war wie ein Künstler gekleidet oder wie ein Händler der vier Jahreszeiten[6], der immer eine Einkaufstüte zur Hand hatte. Ich war begeistert von diesem Mann, der nichts von diesem Ernst besaß, an den uns unsere Lehrer bis dahin gewöhnt hatten. Er war ein fesselnder Redner. In meinen Augen war er eine Art Fantasiegestalt, ein Wesen, das gekommen war, um den Lehrer zu geben und ein bisschen Geld zu verdienen, obwohl das gar nicht sein Beruf war. Er hatte aufregende Geschichten parat. Ich fand ihn umwerfend. Seine Unterrichtsstunden waren großartig.

Es war eine Offenbarung und zugleich ein völliger Fehlschlag. Dieser außergewöhnliche Geschichtenerzähler muss wohl kein besonders guter Lehrer

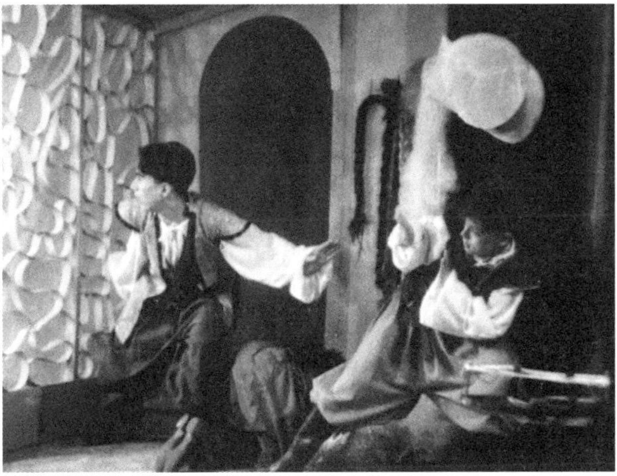

Michel Piccoli (links) als Schüler in seiner ersten Theaterrolle am Collège d'Annel, ca. 1935

gewesen sein, denn meine Abiturnoten waren sehr schlecht. Aber das war nicht weiter schlimm, entscheidender war, was da in mir aufgebrochen war: eine unvermutete Begeisterung. Nach meiner ersten Erfahrung in der Corrèze hatte dieser seltsame und wunderbare Lehrer, der so lustig, so wenig autoritär und so wenig gewöhnlich war, in mir wirklich den Wunsch geweckt, Schauspieler zu werden. Dass ich dann zum Theater ging, ist also ein bisschen *seine Schuld*, denn er hat mir die Freude an außergewöhnlichen Geschichten offenbart, an Geschichten, die zum Träumen anregen. In diesem Moment, so erinnere ich mich, sagte ich zu meiner Mutter: »Ich will zum Theater.«

Es wäre natürlich übertrieben, schon von einer *Berufung* im tieferen Sinn zu sprechen. Das Theater stand zunächst nur für den Wunsch, zu fliehen und anderswo aufzuatmen.

Zum Glück musste ich keinen Militärdienst leisten. Bei der Musterung wurde ich gefragt, was ich vorhätte im Leben. Ich weiß nicht mehr, was ich geantwortet habe, aber ich erinnere mich, dass ich vom Dienst befreit wurde. Es war kurz nach dem Krieg, zu einem Zeitpunkt, als der Staat einsah, dass seine jungen Leute sowieso schon zu viel von ihrer Kindheit und Jugend verloren hatten.

Als ich mein Abitur nicht geschafft habe, hat mein Vater nichts gesagt. Er schwieg, wie er es immer tat. Meine Mutter dagegen redete. Als ich ihr erklärte, dass ich Schauspieler werden wolle, antwortete sie nicht etwa entsetzt: »Was ist das für ein Beruf, du wirst doch nicht so etwas Schreckliches machen?«, sondern sagte, völlig unerwartet, dass ich einen Schauspielkurs belegen könne und wir dann sehen würden, wie es weitergehe. »Wenn du Theater spielen willst, dann suche dir einen Lehrer und wir werden sehen, was er dir sagt.« Sie forderte mich heraus. Ihre verständnisvolle Antwort war auch eine Art, mir klarzumachen, dass ich von nun an für mich selbst verantwortlich sei. Ich vermute, dass sie nicht wirklich an meinen Wunsch, Theater zu spielen, glaubte. Glücklicherweise aber fand ich mich in meinem neuen Leben und mit meiner neuen Leidenschaft ziemlich gut zurecht. Und ich verstand auch schnell, was zu tun war, um gut anzukommen. Das Theater sollte *mein neues Zuhause* werden.

Hier also, lieber Gilles, einige Antworten auf Ihre Fragen. Ich hoffe, dass sie Ihnen zusagen. Mehr kann ich nicht tun. Ich bin ein alter Mann und mein Gedächtnis ist löchrig. Ich hoffe auch, dass wir nicht nur eitel erscheinen, wenn wir uns hier in diesem Buch produzieren. Es ist so kompliziert, über sich selbst zu sprechen.

II.

Lehrjahre

Lieber Michel,
im Moment scheint mir Ihr Gedächtnis überhaupt nicht löchrig …

Es ist lustig, denn auch bei mir war es ein Lehrer, durch den ich meine Berufung entdeckte – ein schüchterner Mann, der regulär an unserer Schule unterrichtete. Er erschien im Klassenzimmer, behielt seinen Mantel an – denn warm war es wirklich nicht, damals im Lycée Louis-le-Grand[7] *im Winter 1945 –, dann zog er ein Buch aus seiner Aktentasche und begann: »Gegen fünf Uhr wurde es kühl; ich schloss meine Fenster und begann wieder zu schreiben. Um sechs Uhr kam mein guter Freund Hubert herein; er kam gerade vom Reiterhof zurück. Er sagte: ›Sieh an! Du arbeitest?‹ Ich antwortete: ›Ich arbeite an* Paludes*.‹«*[8] *Ich hörte zu und war hingerissen. Ich rannte zu Gibert Jeune*[9] *am Boulevard Saint-Michel, um* Paludes *zu kaufen, und danach weitere Bücher von Gide. Da hat sie angefangen … die Liebe zu den Büchern und der Literatur … Aber wir sind ja nicht* *hier, um von mir zu sprechen. Was ich gern verstehen möchte, ist, wie Sie Ihren Beruf erlernt haben und wie das Leben eines jungen Mannes aussah, der Ende der 1940er- und Anfang der 1950er-Jahre eine Karriere als Schauspieler anstrebte. Dachten Sie beispielsweise daran, zur Comédie-Française zu gehen? Träumten Sie schon damals davon, Filme zu machen? Und schließlich, wie sind Sie mit Ihren Eltern auseinandergegangen? Welche Begegnungen prägten Sie?*

***

Lieber Gilles,
nachdem meine Mutter mir erlaubt hatte, Theaterstunden zu nehmen, schrieb ich mich bei Andrée Bauer-Thérond[10] ein, die vor ihrer Tätigkeit als Lehrerin Schauspielerin gewesen war. Gott weiß, wie ich diesen Kurs, der in Pigalle stattfand, gefunden habe. Aus dem 13. Arrondissement kommend war es für mich wirklich ein Abenteuer, quer durch Paris zum Unterricht zu fahren. Ihre Schule war eine winzige Wohnung im sechsten Stock eines Wohnhauses. Natürlich gab es keinen Aufzug. Es

war die Art von Theaterschule, bei der die Schüler so viel zahlten, wie sie eben konnten, es sein denn, sie stammten aus einer sehr reichen Familie.

Mit mir hatten sich noch zwanzig oder dreißig andere Schülerinnen und Schüler eingeschrieben. Von meinen Kommilitonen sind aber letztlich nur wenige professionelle Künstler geworden. Ich erinnere mich an Luis Mariano[11]. Er hatte in Frankreich während der Okkupation unglaublichen Erfolg gehabt. Er hatte sich in diesem Kurs in Pigalle eingeschrieben, um besser Französisch zu lernen und seinen Akzent in den Griff zu kriegen. Oft arbeiteten wir zusammen an Szenen, die wir dann auch vorführten. Nach einem Jahr sagte er mir *qué lé succès, il va révénir* – der Erfolg, er wird wiederkommen. Und er kam tatsächlich zurück.

1945 hatten Theaterkurse nur wenig mit dem zu tun, was später daraus wurde. Heutzutage vertritt jeder die Vorstellung, dass das Theater eine gute Sache sei und dass es nichts Prestigeträchtigeres als die Schauspielerei gebe. Wegen solcher Vorstellungen wird der Weg dorthin immer überfüllter und schwieriger. Heute wimmelt es von sogenannten *freien Schauspiellehrern* und es gibt Schulen mit mehreren hundert Schülern. Das ist ein entsetzlicher und skandalöser Markt! Damals sagte man genau das Gegenteil: »Theater ist doch kein richtiger Beruf.« Und als ich anfing, wurde es kaum als eine ernsthafte Tätigkeit angesehen, mit der man sich schmücken konnte.

Andrée Bauer-Thérond nahm ihre Sache sehr ernst und ihr Unterricht war streng. Sie war *streng* im besten Sinne des Wortes. Ich habe viel von dieser Lehrerin gelernt. Sie hatte einige sehr nützliche Obsessionen: Sie wollte, dass wir die Klassiker beherrschten, aber ebenso, dass wir uns mit einigen Autoren der Moderne vertraut machten, wie Giraudoux oder Anouilh. Vor allem mussten wir Atmen lernen und wir sollten in der Lage sein, ganze Texte auswendig zu spielen. Ich lernte, wie für ein Handwerk, die unverzichtbaren Grundlagen der Technik, wobei die Artikulation im Vordergrund stand. Diese Ausbildung genügte mir, sie war perfekt, auch wenn uns vielleicht ein bisschen zu viel Ehrfurcht vor den Texten eingebläut wurde und das Spiel nach dem Geschmack von Andrée Bauer-Thérond auch Gefahr lief exaltiert zu wirken, grandios exaltiert vielleicht, aber ich begriff schnell, dass das nichts für mich war.

Ich glaube, mir ist schon früh bewusst geworden, welchen Fallen ich aus dem Weg gehen wollte.

Andrée Bauer-Thérond hatte auch im richtigen Leben eine Schwäche für theatralische Gesten, und schon mit meinen achtzehn Jahren habe ich die Risiken so einer aufgesetzten Theatralik gespürt. In diesem Alter kennt man als Schauspielschüler weder das Leben noch das Theater, aber man kann schnell Intuition entwickeln. Man kann spüren, ob der Rhythmus stimmt oder nicht, sowohl in der Sprache als auch im Spiel, bei Worten oder Sätzen und den Emotionen des Darstellers.

Ich war, vor allem am Theater, aber später auch im Kino, sehr sensibel dafür, wie ein Schauspieler mit der subtilen Macht seiner Stimme arbeiten kann. Sie zu modulieren, mit ihr zu spielen wie auf einem Instrument, das muss gelernt werden, man muss wissen, wie man zu laut, zu schnell, wie man sanft, heftig, wie man auf alle möglichen Arten spricht, ohne dabei ins grob *Theatralische* zu verfallen. Als ich später dann das Kino entdeckte, fand ich großen Gefallen an den technischen Möglichkeiten, den Nuancenreichtum der Stimme einzufangen. Um genau zu sein, arbeitete ich nicht an *meiner* Stimme. Ich arbeitete an den Stimmen der *Charaktere*, die ich spielte. Das ist etwas anderes. Ich arbeitete an ihnen und gleichzeitig *reflektierte* ich sie.

Damals hatte ich keine Brotjobs nebenher. Es gab nur das Theater. Ich habe immer in meinen Träumen gelebt. Und man brauchte ja nicht besonders viel. Was gab es schon groß zu kaufen? Das Nötigste bekam ich von meinen Eltern. Noch sehr lange wohnte ich bei ihnen und schlief immer im Wohn- und Esszimmer. Sie unterstützten mich, indem ich bei ihnen wohnen und essen konnte.

Als die Zeit kam, auszuziehen, konnte ich mir kein Hotel leisten, also wohnte ich hier und da, bei einem Freund oder bei den Frauen, deren Lebenswege ich kreuzte. Frauen kennenzulernen, das bedeutete auch, sich als unabhängig und frei zu erfahren. Ich lernte etliche Dienstmädchenzimmer kennen. Ich erinnere mich, wie ich zu Fuß bis hinauf zum obersten Stockwerk gestiegen bin. Ich habe diese Phase in meinem Leben wirklich genossen. Ich dachte nur an die Arbeit, an das Theater, an meinen Wunsch, diesen Beruf auszuüben. Ich blieb für mich und ich liebte dieses Alleinsein, das Leben, in dem man sich nur um sich selbst und seine Freiheit zu kümmern hatte.

Wenn ich mich auch nicht genau daran erinnere, wann ich zum ersten Mal vor Publikum aufgetreten bin, so weiß ich doch, dass ich schon während meiner Zeit an der Schauspielschule die ersten Bühnenerfahrungen gesammelt habe, vor echten Zuschauern, die für ihren Platz bezahlten. Ich spielte in Aufführungen, in denen Schauspielschüler, wie ich es noch war, zusammen mit professionellen Schauspielern engagiert wurden. Ich habe sehr gute Erinnerungen an diese Lehrjahre.

Dabei kommt mir eine amüsante Anekdote aus dieser Anfangszeit in den Sinn, vielleicht sogar von meiner allerersten Aufführung. In Pigalle gab es ein Bistro, in dem unsere Truppe eher selten aufkreuzte – weil wir nicht besonders betucht waren, zumindest ich nicht –, aber an den Abenden, an denen wir auftraten, schauten wir trotzdem ab und zu dort vorbei. Bevor wir in unsere Kostüme schlüpften, tranken wir manchmal etwas, um uns zu stärken. In diesem Bistro trafen wir die Prostituierten der Nachbarschaft, die dort regelmäßig zu Gast waren. Sie waren nett, vergaßen nie, uns zu grüßen und mit uns zu plaudern. Und wenn wir nach einer Aufführung aus dem Theater kamen und sie wieder trafen, fragten sie uns, wie die Vorstellung gelaufen sei und wie es uns gehe. Wir sprachen über alles und nichts. Wir waren Freunde geworden. Sie versuchten gar nicht erst, uns mitzunehmen. Sie wussten, dass wir

Arbeiter waren, genau wie sie. Das sagten sie uns auch: »Ihr schiebt hier ja auch Spätschicht, wie wir.«

Eines Tages erfuhren wir, dass das Stück, für das wir engagiert worden waren, abgesetzt werden sollte. Die Besitzerin des Theaters hatte uns erklärt, dass kein Geld mehr da sei, um weiterzumachen. Ich erinnere mich, dass sie uns als Dank dafür, dass wir so lange für sie für einen Hungerlohn gearbeitet hatten, auf die Schnelle einen Drink spendiert hatte. Keine große Sache. Aber als unsere Freundinnen, die Prostituierten, erfuhren, dass es keine Aufführungen mehr geben würde, luden sie uns zu einem königlichen Abendessen ein. Sie hatten ein großartiges Essen für uns vorbereitet. Wir tranken und wir aßen. Die Stimmung war sehr fröhlich. Es gab nichts Sexuelles. Es war eine Sache unter Freunden, die ihren Freunden eine Freude machten.

Nachdem die meisten meiner Theaterfreunde bereits gegangen waren, fragte ich eine der Prostituierten, ob ich sie besuchen könne, aber nicht als Freier, sondern um zuzuschauen. Sie verstand, dass ich ein neugieriger Typ war, und sagte, dass ich zu ihr kommen dürfe. In ihrem Zimmer wies sie mir eine kleine Ecke zu, in der ich mich verbarg. Ich blieb den ganzen Abend und schaute zu, wie sie arbeitete. Ich sah den Rhythmus des Lebens, des Geldes und des Vergnügens. Es war sehr interessant. Ich verstand nicht alles. Ich hatte ja keine Ahnung von diesen geheimen Dingen der Existenz, aber es genierte mich nicht. Ich fühlte mich wie zu Hause. Es war eigentlich auch wie im Theater, die Kunden traten auf und sie traten ab … Ich war ein aufmerksamer Zuschauer. Ich bin eine ganze Weile geblieben, dann, als ich sah, dass niemand mehr kommen würde, dankte ich dem Mädchen und verabschiedete mich. Sie gab mir einen Abschiedskuss und sagte: »Bis bald.« Aber ich habe sie nie wiedergesehen.

Sehr schnell, sehr früh, während ich weiterhin Unterricht nahm, musste ich Arbeit in Theatern finden. Ich wollte spielen. Es war meine Obsession. Ich überwand meine Schüchternheit und zog los, war überwältigt vom Gefühl, dass sich mir tausenderlei Möglichkeiten eröffnen könnten, und klopfte an jede Tür, um nach einer Rolle zu fragen. Hinter diesen Türen arbeiteten die unterschiedlichsten Leute, sie saßen in großen oder kleinen Büros und hörten mir lächelnd zu. »Wie heißen Sie, mein Junge? – Piccoli. – Was machen Sie? – Schauspieler. – Ah, gut, kommen Sie.« Sie fragten mich aus: »Wie alt sind Sie? Was haben Sie schon gemacht?« Damals hatte ich überhaupt noch nicht im Sinn, mir einen Agenten zu suchen. Ich war noch nicht so weit. Es war erst der Anfang. Die meisten Informationen, die wir brauchten, steckten wir uns gegenseitig unter Kollegen zu. Wir tauschten Tipps aus und halfen einander. Sich derart voranzuhangeln, das gibt es sicher auch heute noch, wenn auch wahrscheinlich weniger uneigennützig. In dem Beruf ist eine unglaubliche Konkurrenz entstanden, wo unterschiedlichste Ambitionen aufeinanderprallen. Damals gab es, in meinen Augen, nur Konkurrenz in der Freundschaft und in der Leidenschaft.

Meine Mitschüler und ich schwärmten förmlich aus, wir gingen zu allen Leuten, die Theater und Kabaretts besaßen. Man begutachtete uns, man nahm uns oder eben nicht. Dank dieser Art, Arbeit zu suchen – und auch zu finden –, lernten wir unser Handwerk. Wir machten uns mit den verschiedenen Repertoires vertraut, von ganz klassisch bis total modern, von experimentell bis kommerziell. Wir lernten zu unterscheiden, bei welchen Aufführungen es sich lohnen würde, mit dabei zu sein, und welche man besser meiden sollte. Dieser großartigen Schule habe ich viel zu verdanken.

Nachdem ich lange immer wieder gesucht hatte, und auch hier und da aufgetreten war, begegnete ich schließlich Georges Douking[12], diesem großartigen, heute vergessenen Schauspieler, der schon mit Gaston Baty, einem Mitglied des berühmten Cartel[13], zusammengearbeitet hatte. Die unmittelbare Nachkriegszeit war natürlich nicht mehr die Zeit von Jouvet, Dullin, Baty und Pitoëff – die zusammen mit Copeau meine Helden waren –, aber es war der Beginn einer außergewöhnlichen Zeit des avantgardistischen Aufbruchs und der Suche. Da wollte ich dabei sein ... Mit dieser Haltung überzeugte ich Douking. Er schätzte meine Einstellung, meine Energie und er hat mich *besetzt.* Er fand Rollen für mich und ich spielte in mehreren seiner Inszenierungen. Ich war gerade einmal zwanzig Jahre alt und gehörte zu seiner kleinen Truppe.

Die Stücke, die er inszenierte, wurden im Théâtre Pigalle aufgeführt, einem großen, sehr modernen Saal, den Baron Rothschild hatte bauen lassen. Vor dem Krieg wurde es von Antoine[14] geleitet und danach auch von Jouvet. Seit 1949 ist es geschlossen und inzwischen wurde es sogar abgerissen. Als ich 1946 oder 1947 ankam, trommelte der Direktor des Hauses die Schauspieler zusammen und sagte: »Sie sind also bei unserem Stück dabei. Sie haben die Wahl: Ihr Name kann über dem Titel stehen und Sie verdienen nichts. Oder Sie stehen unter dem Titel und ich werde Sie bezahlen.« Ich sagte auf der Stelle, dass ich über dem Titel stehen wolle. Geld war mir egal, es interessierte mich nicht. Ich wollte oben auf dem Plakat stehen und so geschah es auch. Ich erinnere mich nicht mehr, wie der Autor des ersten Stücks hieß, das ich dort spielte. Ich erinnere mich vage daran, dass er irgendwo in Südfrankreich Lehrer war. Es war eine Gesellschaftssatire, glaube ich, eine Studie … ich weiß es nicht mehr. Es ist schrecklich! Das ist schon so lange her und so viel geht mir durch den Kopf. Es waren so viele Stücke. Sie sehen, lieber Gilles, dass mein Gedächtnis manchmal nicht mehr hinterherkommt.

Ich mag diesen Abschnitt meines Lebens mit Douking sehr. Ich verdanke ihm sehr viel und es ist ein außerordentliches Glück, dass ich mit diesem Mann so gut bekannt war, auch wenn ich mich später von ihm abgewendet und ihn dann nie wieder gesehen habe. Darauf bin ich übrigens nicht stolz. Das war egoistisch von mir. Ich schloss andere Freundschaften, knüpfte andere Verbindungen in der Branche. Ich kam voran. Douking war schon älter, als ich mich von ihm entfernte, aber was ist das schon für ein Grund? Wenn ich mich daran erinnere, schäme ich mich. Wir standen uns nahe. Und er hat mich sehr gefördert.

Die Frage, ob ich jemals daran gedacht habe, in die Comédie-Française einzutreten, kann ich nur mit Nein beantworten. Ich kann nur schlecht Französisch und sollte mich nicht zu ausführlich über diese Institution auslassen, weil ich weiß, dass ich schnell ins Peinliche abgleiten kann. Aber ich konnte dieser großen Maschinerie, in der es zu viele Schauspieler, ja überhaupt zu viele Menschen gibt und wo jede Reaktion und jede Spieltechnik endlos verfeinert wird, nie viel abgewinnen. Ich setze bei der Arbeit vor allem meine *Kraft* ein und versuche, so eng wie möglich mit den Regisseuren zusammenzuarbeiten.

Kraft einsetzen… beim Wiederlesen kommt es mir vor, als sei dieser Ausdruck nicht treffend genug. Was ich damit sagen will, ist, dass man immer auf der Suche sein muss, mit einer rohen Energie, der man weder Anstrengung noch Manierismus anmerkt. Man muss unablässig von Neuem anfangen, einen anderen Ausgangspunkt wählen, suchen, versuchen, es anders zu machen, und vor allem –

und das ist meine Obsession, das gebe ich gerne zu – muss man alles tun, um nicht großartig und prätentiös zu wirken. Es geht darum, in aller Einfachheit und Bescheidenheit, mit Vergnügen etwas Außergewöhnliches zu erschaffen. Leider können nur sehr wenige Menschen ihre eigene Arbeit bescheiden genießen. Viele, selbst wenn sie gute Arbeit leisten und interessante Dinge tun, langweilen sich im Grunde in ihrem selbst gewählten Dasein.

Ich denke an meine Eltern zurück, die sich ihrem Beruf als Musiker sehr ernsthaft, aber ohne Leidenschaft gewidmet haben. Meine Eltern haben mir immer als abschreckendes Beispiel gedient. Mich sollte nur die Kraft meiner Freude treiben: die Freude an der Rolle, die Freude an einem Autor, die Freude an der Arbeit mit den Partnern, die Freude am Publikum, die Freude aller und eines jeden. Meine Eltern hingegen waren mehr darauf aus, mit ihrer Energie zu haushalten. Es gibt nichts Traurigeres. Was mich antreibt, ist geradezu gegensätzlich, ich will mich für meine Arbeit begeistern, mich verausgaben und meinen Beruf genießen. Ich glaube, dass ich nie etwas anderes wollte, und auf keinen Fall habe ich mich je nach Erfolg verzehrt. Und was soll's, wenn das vielleicht nach falscher

Bescheidenheit, also dem Gipfel der Überheblichkeit, klingt.

Ich habe nie versucht, mich in einer Nische einzurichten, und habe bei der Wahl meiner Rollen immer auf die Vielfalt der Werke geachtet, in denen ich mitspielen konnte. Vor allem hatte ich immer den Wunsch und den Willen, außergewöhnliche Arbeiten zu unterstützen und an ihnen mitzuwirken, verrückte und intelligente oder auch beängstigende Werke. Werke, die anecken, missfallen, verblüffen oder unerträglich sein können und bei denen sich nicht vorhersagen lässt, ob sie scheitern oder erfolgreich sein werden. Werke, die einen nicht gleichgültig lassen und, wenn es sein muss, auch zum Schreien bringen. Schreien, im guten wie im schlechten Sinne des Wortes. Manche Leute lieben die gepflegte Langeweile im Theater, ich dagegen mag es, wenn man sich bei meiner Arbeit nicht langweilt. Ich hoffe, Sie verstehen, ich will hier nicht den »Künstler« spielen, dieses Wort *knattert und knallt.* Es gefällt mir, wenn ich spüre, die Zuschauer entdecken etwas, das sie ihre Augen aufreißen lässt, wenn ich spüre, sie verfallen in tiefes Staunen oder geraten in Rage. Das Publikum hat durchaus das Recht, wütend zu sein oder nicht zu mögen, was man ihm vorsetzt. Ausgetretene Pfade wollte ich immer verlassen.

Große Werke bergen große Geheimnisse, die ich ans Licht bringen wollte.

Ist das zu prätentiös? Ich fürchte mich immer, überheblich oder belehrend zu wirken. Im Allgemeinen sind es nicht die Besten, die dieser Schwäche erliegen …

Es gibt nur sehr wenige Künstler, die wirklich kreativ arbeiten, Künstler, die mit Intelligenz versuchen, etwas Ureigenes hervorzubringen. Und sie waren es, zu denen ich gehören wollte. Es gibt Menschen, die tolle Rezepte haben, aber es sind immer die gleichen tollen Rezepte, und – entschuldigen Sie, wenn ich unhöflich werde – irgendwann endet es in Langeweile.

Im Gegensatz dazu ist jemand wie Peter Brook zum Beispiel ein genialer Schöpfer ungläubigen Staunens, ein Mann, der nie aufhört zu suchen und sich nicht mit seinem einen Rezept zufriedengibt. Er hat nie aufgehört, Neues erfinden und sich selbst erneuern zu wollen. Er empfand sich übrigens nicht als Eigentümer irgendeines Wissens. Er ermunterte uns zu gemeinsamen Versuchen. Einem Schöpfer dieses Kalibers liegt es fern, sein Talent, seine Bedeutung und seine Intelligenz besonders hervorzuheben. Diese Bescheidenheit ist so erhaben, dass sie ihn befähigt, seine Arbeit voranzutreiben und dabei das, was er ausprobieren möchte, mit der größten Einfachheit zu vermitteln. Ich hatte das große Glück, mit ihm arbeiten zu können. Er erweckte in mir den Eindruck, dass er über die Sanftheit seiner Erfindungen und die unbegreiflichen Grausamkeiten, die er manchmal auf der Bühne produzierte, eine Einladung an die Welt aussprach. Aber ich schweige lieber, weil ich das Gefühl habe, ich verfalle in Übertreibungen. Über Peter Brook zu sprechen, bringt mich zum Schwärmen …

Ich habe nicht gleich mit Theaterregisseuren gearbeitet, die den Forscherdrang und die Erfindungskraft eines Peter Brook besaßen, aber von Anfang an drängte mich mein Naturell, in dieser Richtung zu suchen. So kam es auch, dass die Comédie-Française, so wie sie mir zu meiner Jugendzeit erschien, nicht gerade zu meinen Prioritäten gehörte. Zu dieser Zeit bestand mein Glück darin, mal hier, mal da, links und rechts des Weges zu arbeiten, wobei ich manchmal überhaupt kein Geld verdiente, aber von einer Entdeckerfreude gepackt war, die mich beflügelte! Ich träumte von einem lebendigen und wütenden Theater, das von vielen als intellektuell angesehen wurde. Dennoch nahm ich alle Möglichkeiten wahr, die sich mir boten. Damals gab es eine große Anzahl wunderbarer Theater. Ich wollte möglichst viel erleben. Ich erinnere mich an das Théâtre de Poche, das ABC, das Rose Rouge, das Marigny, das Théâtre La Bruyère, die Comédie de Paris, das Renaissance, die Noctambules …[15]

Ich hatte die Gabe – und es tut mir leid, wenn es selbstgefällig klingt, so zu sprechen, aber ich werde mich in dieser Hinsicht nicht mehr ändern –, ich hatte also die Gabe, mich vor jeder Tür zu postieren, an die man klopfen musste, um Arbeit zu finden; sei es, um in großen Werken aus dem klassischen oder modernen Repertoire aufzutreten, sei es, um in Kabaretts oder Nachtklubs komische Szenen zum Besten zu geben, wie etwa im Le Tabou in Saint-Germain-des-Prés, wo ich oft spielte. Mit einigen Freunden führten wir humoristische Dialoge, Sketche und kurze Theaterszenen auf. Wir waren uns sicher, wir würden Spaß haben, und konnten sogar darauf hoffen, ein wenig Geld zu verdienen. Manchmal trat ich am gleichen Abend in zwei Stücken auf. Es kam auch vor, dass ich drei Auftritte gleichzeitig hatte. Am frühen Abend stand ich bei der Theatergruppe Grenier-Hussenot auf der Bühne, bevor ich, nicht weit davon entfernt, eine komische Rolle neben den Frères Jacques[16] spielte und mich zu guter Letzt noch in einem Nachtclub sehen ließ.

So sahen also meine Anfänge am Theater aus. Es war eine wunderbare Zeit, um diesen außergewöhnlichen Beruf zu erlernen! Ich glaube nicht, dass ein junger Schauspieler damals Schwierigkeiten hatte sich durchzubringen. Es war leicht, Arbeit zu finden, oder zumindest gab es Möglichkeiten. Kaum bot sich eine Gelegenheit, so hatte ich sie schon ergriffen. Die Arbeit begeisterte mich, das spürte man, das sah man und so wurde es fast selbstverständlich, dass ein Engagement aufs nächste folgte.

In dieser Zeit, als wir mitunter vor weniger Zuschauern spielten, als es Schauspieler auf der Bühne gab, beobachtete ich begierig die Arbeit der Regisseure und der anderen Schauspieler. Viele unter ihnen, auch wenn sie keine, wie man so hochtrabend sagt, *großen Schauspieler* waren, haben mir mit ihrer Intelligenz und einem wunderbaren Feingefühl geholfen. Sie unterstützten mich einfach dadurch, wie sie mir zuschauten, eine Frage beantworteten oder ganz leise und unaufgeregt etwas erklärten.

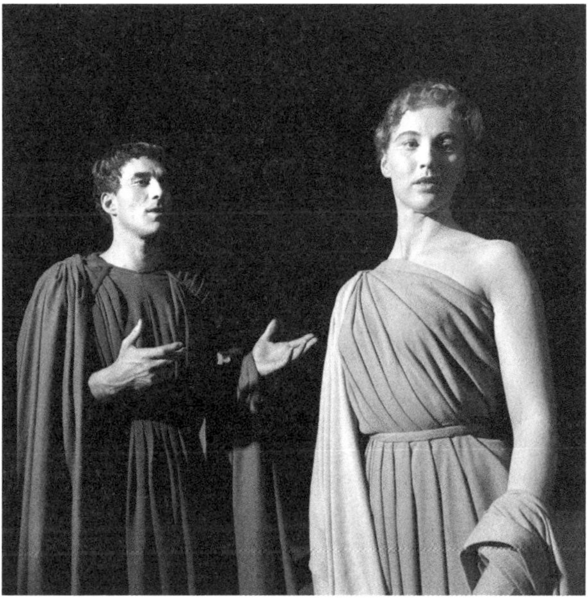

Michel Piccoli und Simone Bouchateau in *Phädra*, 1957

Apropos *große Schauspieler*, hier zwei Erinnerungen aus den späten 1950er-Jahren – also etwas später als die Zeit, um die es gerade geht. Damals lernte ich zwei Kultfiguren des Theaters kennen, zunächst Vilar[17], der mich für *Phädra* engagierte, mit Maria Casarès[18] und Alain Cuny[19]. Ich war nicht Teil der Truppe und arbeitete zum ersten Mal mit ihm. Es war geplant, glaube ich, dass ich dreißig Tage arbeiten sollte. Irgendwann bekam ich ein anderes Angebot und teilte Vilar mit, mich zwischendurch freimachen zu müssen, was aber kein Hindernis sei, weiter bei ihm zu spielen. Zuerst war er verblüfft, dann so erbost über meinen Verrat am Geist der Truppe, für den ich tatsächlich nie geschaffen war, dass er mich ersetzte. Ich wurde bestraft. Kurz vor der Premiere stellte ich fest, dass mein Name vom Plakat gestrichen worden war. In Vilars Augen war ich unaufrichtig gewesen und das war inakzeptabel. Er sagte nichts, er ersetzte mich einfach, was seine Art war, mich rauszuschmeißen. Ich war darüber sehr unglücklich. Als wir uns wiederbegegneten, weigerte er sich, mir die Hand zu geben. Später wurden wir dennoch Freunde, aber er hat mich nie wieder engagiert.

Die andere Erinnerung hat auch mit einer missglückten Begegnung zu tun, und zwar mit Jean-Louis Barrault[20]. Wir haben uns nicht gut verstanden und ich habe glücklicherweise nur einmal mit ihm gespielt. Ich konnte absolut nichts dafür, dass es schiefging. Es lag eher an der übertriebenen Autorität seiner Frau, Madeleine Renaud[21], die mich nicht mochte und der sich Barrault unterwarf. Die Compagnie Renaud-Barrault war zwar eine wunderbare Truppe, doch hinter dem ewigen Lächeln verbargen sich hochgradig autoritäre Strukturen und eine große Selbstgefälligkeit. Sagen wir es so: Man fand Barrault charmant, aber wenn man ihn kannte, hatte man es irgendwann satt, ihn charmant zu finden.

Während der allerersten Jahre meiner Lehrzeit am Theater lernte ich auch meine erste Frau kennen, die herausragende Schauspielerin Éléonore Hirt[22]. Sie war einige Jahre älter als ich und eine außergewöhnliche und anerkannte Schauspielerin, eine geradezu fanatische Schauspielkünstlerin. Außerdem war sie eine großartige Frau. Wir sind uns bei den Vorbereitungen für ein Stück begegnet, das in der Provinz, ich weiß nicht mehr wo, gespielt werden sollte, aber schließlich gar nicht aufgeführt wurde. Sie gefiel mir sehr und ich wusste, dass auch ich ihr gefallen könnte. Nähergekommen sind wir uns durch einen kleinen Hund, den wir aufgelesen haben und der uns beide bezaubert hat. Gemeinsam nahmen wir ihn mit nach Paris. Ich zog in ihre Wohnung in der Nähe der Gare Montparnasse. Es war eine Begegnung im Zeichen des Theaters, die im Theater stattfand und durch das Theater zustande kam. Éléonore war eine leidenschaftliche

Person, vor allem in der Liebe, nicht anders als normale Menschen, wenn ich das so sagen darf, aber sie brannte auch für ihren Beruf als Schauspielerin. Sie war begabt, sie war umgeben von einem Geheimnis und über dieses Geheimnis hinaus von einer Aura der Grandiosität. Sie war eine Ausnahmeerscheinung. Sie suchte, wollte immer mehr geben, viel mehr. Ihre Leidenschaft war unglaublich.

Wir spielten zusammen am Théâtre de Babylone, am Boulevard Raspail 38, einem Ort, den Jean-Marie Serreau[23] in den frühen 1950er-Jahren ins Leben gerufen hatte. Es war ein Stück von Pirandello. Éléonore Hirt war eine der Säulen dieses Theaters und ich habe dort überall mit angepackt. Ich habe dort nicht nur gespielt, übrigens ziemlich wenig, sondern vor allem geholfen, es aufzubauen. Im Babylone war ich ein Handlanger neben anderen. In der Anfangszeit solcher Theater machte eigentlich jeder, einschließlich der Schauspieler, so ziemlich alles. Ich fegte, putzte, nagelte und reparierte die Sitze. Ich sorgte dafür, dass alles in Ordnung war, um Zuschauer empfangen zu können. Ich verkaufte Programme. Alles, was zu tun war, um einem jungen Theater auf die Sprünge zu helfen, war spannend. Der Ort war schlicht, aber von einer solchen

Energie und Leidenschaft erfüllt, dass ich mich in dieser Atmosphäre wohlfühlte. Es gab dort einige herausragende Theatermomente. Oft blieb ich auch abends, selbst wenn ich nicht spielte. Es war eine wunderbare Erfahrung, die leider nur von kurzer Dauer war. In diesem Haus, das sich zeitgenössischen Autoren widmete, wurden außergewöhnliche Autoren entdeckt. *Warten auf Godot* von Beckett erlebte dort ebenso seine Welturaufführung wie *Amédée* von Ionesco.

Aber mit Éléonore Hirt habe ich nicht nur das Theater geteilt, wir hatten auch eine gemeinsame Tochter. Es ist nicht leicht, darüber zu sprechen, denn wir sind zerstritten und ich weiß nicht, was aus ihr geworden ist. Wir haben uns schon lange nicht mehr gesehen, ich weiß nur, dass sie drei Kinder hat. So gesehen bin ich Großvater und es schmerzt mich sehr, mit dieser Entfremdung und dem Zerwürfnis umzugehen. Es ist ziemlich erbärmlich, es nicht geschafft zu haben, das wiedergutzumachen. Noch etwas, worauf ich nicht stolz bin.

III.

Film

Lieber Michel,

in der Filmografie, die ich gerade vor mir habe, lese ich: »Michel Piccoli hat in über 200 Filmen gespielt.« Ist Ihnen das eigentlich klar? Das ist beeindruckend!

Erinnern Sie sich an Ihre Anfänge beim Film? Wann hatten Sie das Gefühl, dass es richtig losgeht für Sie? Was war der entscheidende Moment? War es 1956 bei La Mort en ce jardin *von Buñuel, mit dem Sie später viele weitere Filme drehten? War es bei* Le Doulos *von Jean-Pierre Melville im Jahr 1962? Oder erst 1963 bei* Le Mépris *von Jean-Luc Godard? Und was löste es in Ihnen aus, als Sie plötzlich feststellten, dass Sie künftig ein »Star« sein würden?*

Standen für Sie Kino und Bühne in Konkurrenz zueinander? Und wenn Sie zwischen ihnen hätten wählen müssen, wofür hätten Sie sich entschieden? Für lange Jahre haben Sie sich ja vollständig vom Theater zurückgezogen …

Welche Regisseure haben Sie am meisten geprägt, am meisten bereichert? War es Claude Sautet, für den Sie das waren, was Mastroianni für Fellini war: eine Art Stellvertreter seiner selbst? War es Marco Ferreri, der Ihnen schon vor La grande bouffe *diese unglaubliche Rolle in* Dillinger è morto *gegeben hatte, wo Sie nicht nur die zentrale Figur spielen, sondern während 95% der Laufzeit des Films allein und praktisch ohne Dialog auf der Leinwand zu sehen sind, das ganze Geschehen also vollkommen auf Ihrer Schauspielkunst beruht, gerade so, als seien Sie der Co-Autor? In diesem Film sind Sie schlichtweg genial!*

Und die Bardot? Wie erschien sie Ihnen während der Dreharbeiten zu Le Mépris, *zwischen Godard und Fritz Lang? Und Romy Schneider? Ich kann mir nicht vorstellen, dass Sie mit ihr gedreht haben, ohne sich in sie zu verlieben …*

Da Sie bereits Ihre erste Frau erwähnt haben, gestatte ich mir eine indiskrete Frage: Wie haben Sie Juliette Gréco, ihre zweite Frau, kennengelernt?

***

Lieber Gilles,
Sie machen mir Angst! »Michel Piccoli hat mehr als zweihundert Filme gedreht.« Wie soll ich mich da nur zurechtfinden? Nicht die Zahl macht mir Angst, sondern der Gedanke, dass ich heute weit davon entfernt bin, mich auch nur an ein Viertel davon zu erinnern. Auch wenn ich immer versucht habe, das Bestmögliche zu den Projekten beizutragen, an denen ich beteiligt war, so habe ich sie vergessen, sobald sie fertig waren. Sie haben in meiner Erinnerung keine Spuren hinterlassen. Fast war es Absicht von mir, nicht zurückzublicken.

Ans Kino habe ich anfangs nicht viel gedacht, so als ob es nichts mit dem Theater zu tun hätte. Ich glaube nicht, dass ich zu diesen versnobten Schauspielern gehörte, die die Filmarbeit als eine Art Prostitution ansahen. Ich hielt sie vielmehr für einen anderen Beruf. Ganz zu Beginn habe ich das eher aus Zufall gemacht und um Geld zu verdienen. Mit dem Kino fange ich gleich nach dem Krieg an: Ich werde zufällig Statist bei einem Film von Christian-Jaque[24]. Meine Aufgabe ist es, nicht vom Publikum wahrgenommen zu werden, in der Menge unterzugehen. Den Regisseur bekomme ich nie zu Gesicht, nur die Assistenten, die uns wie

Vieh herumscheuchen, und ich weiß noch nicht mal, ob ich die Kamera überhaupt sehe.

1948 habe ich eine kleine Rolle in *Le point du jour* von Louis Daquin. Alles kommt mir seltsam vor: die Abwesenheit des Publikums, die technischen Zwänge, das große Auge der Kamera. Ich bin in ständiger Verunsicherung gegenüber dem, was ich am Theater gelernt habe. Der Film schildert den Alltag von Bergleuten im Norden Frankreichs, von denen einige auch als Statisten mitspielen. Einer von ihnen, von der jahrelangen Schinderei ausgelaugt, sagt mir, dass er die Schauspielerei anstrengend finde und dass ihm sein eigener Beruf lieber sei. Der Film war ein Flop. Aber kurz danach besetzte mich Daquin erneut in *Le parfum de la dame en noir*, an den ich aber überhaupt keine Erinnerung mehr habe.

Anfang der 1950er-Jahre gab es meiner Meinung nach keinen Film, der außergewöhnlich gewesen wäre. Lange Zeit blieb das Kino eine bloße Gelegenheitsarbeit, eine Nebenbeschäftigung zum Theater. Ich drehte, was man mir anbot. Das Ergebnis war mal mehr, mal weniger gut. Abgesehen von ein paar Ausnahmen interessierte mich ein Großteil meiner frühen Filme nicht.

Allerdings erinnere ich mich an Jean Gabin in *French Cancan* von Jean Renoir. Das war 1955. Seine Haltung hat mich beeindruckt. Gabin war frei von jeglicher Eitelkeit. Er legte es nicht auf Bewunderung an. Es schien, als wäre er seiner Karriere überdrüssig, als würde er gern vor ihr davonlaufen. Kurz nach *French Cancan* dann eine weitere Ausnahme: Gerade als ich mir vorgenommen hatte, mich sorgfältiger nach guten Filmen umzusehen, drehte ich mit Buñuel. Insgesamt sieben Mal, in praktisch all seinen letzten Filmen, die er in Frankreich drehte, sollte ich mit ihm arbeiten. Der Auftakt war 1956 mit Simone Signoret, während seiner mexikanischen Periode, bei *La mort en ce jardin*.

Dieser Dreh hat mich sehr geprägt. Kaum waren Simone Signoret und ich mit demselben Flugzeug in Mexiko gelandet, zog Buñuel seine Nummer mit mir ab. Er holte uns vom Flughafen ab, war sehr freundlich zu Simone Signoret, dann aber wandte er sich mir zu und sagte: »Was Sie betrifft, Piccoli, ich bin froh, dass Sie da sind, auch wenn Sie gar nicht der Figur entsprechen, aber hoffen wir, es geht trotzdem gut …« Ich hätte beleidigt sein können, aber im Gegenteil, es hat mir gefallen. Während der Dreharbeiten haben wir uns die ganze Zeit gegenseitig aufgezogen. Das Kino war ja noch neu für mich, aber mir wurde schnell klar, dass es ihm überhaupt nicht gefallen und er mich schief angesehen hätte, wenn ich mich hätte einschüchtern lassen oder zu sehr gezeigt hätte, wie ungeheuer aufregend es für mich war, mit ihm zu arbeiten.

Luis Buñuel wirkte gleichermaßen vornehm wie einfach. Er schien zu sagen: »Ich bin nicht der, den Sie glauben vor sich zu haben, und außerdem weiß ich selbst nicht, wie ich bin.« Alle Welt ließ sich aus über ihn, über die Bedeutung dieser Bilder oder jener Sequenzen auf der Suche nach Symbolen, die es zu entschlüsseln galt. Er dagegen blieb bei all dem Geschwafel völlig ruhig und gab sich erstaunt über das, was man ihm unterstellte. Er war ziemlich durchtrieben und würzte jeden Scherz mit kleinen Grobheiten oder beiläufigen Gemeinheiten. Ein Beispiel: Er und seine Frau gaben ein perfektes Paar ab, aber ich habe noch deutlich im Ohr, wie er einmal sagte: »Wer ist das nur, mit dem sie sich wieder trifft?« Eines Tages frage ich ihn, wie es ihr ginge. Es gehe ihr gut, antwortet er und ergänzt, dass sie einen Liebhaber habe. Macht er Witze? Ich lache und frage ihn, ob er den Liebhaber kenne. »Ja, es ist ein Pfarrer.« Ich lache noch mehr. Er rät mir, lieber nicht zu lachen, denn solches Ungemach könnte jederzeit auch mich treffen. Einige Tage später frage ich ihn dann, wie es dem Liebhaber seiner Frau gehe. »Es ist vorbei«, sagt er. »Meine Frau ist tot.«

Zur Zeit von *La mort en ce jardin* war ich, wie gesagt, noch kein bekannter Schauspieler und ich erinnere mich gut an den Trick, den ich anwandte, um für diesen Film besetzt zu werden. Mitte der 1950er-Jahre hielt ich bereits Ausschau nach den bestmöglichen Filmrollen. Wie ich Ihnen ja schon sagte, hatte ich keine Scheu, an alle möglichen Türen zu klopfen, und so fand ich mich eines Tages bei einer Produktionsfirma ein, die eine Rolle für den neuen Film von Buñuel zu besetzen hatte. Mehrere Schauspieler waren schon am Start. Immer wieder tauchte ich bei der Produktionsfirma auf, ließ Probeaufnahmen über mich ergehen und wartete, um zu erfahren, ob man mich ausgewählt hatte, aber die Verantwortlichen für das Casting wollten sich nicht entscheiden. Ich hatte genug und plötzlich kam mir eine Idee, wie man die Sache beschleunigen könnte. Ich schickte eine Nachricht an Buñuel, in der ich schrieb: »Vorgesehen für die Rolle des Priesters. Bitte bestätigen Sie!« Das war dreist, aber es hat ihn amüsiert. Damals kannte ich ihn nur flüchtig, aber mein Gefühl sagte mir, dass ich ihm so einen Streich spielen könnte. Vor mir hatten sich schon andere diese Art von Frechheiten erlaubt, Ingrid Bergman etwa, die Alfred Hitchcock in Cannes einen Brief zusteckte: »Ich möchte mit Ihnen drehen.« Weiter nichts. Eine kleine Karte. Das ist sehr ehrlich, sehr direkt – allerdings auch gefährlich und führt im Allgemeinen zu nichts.

Da ich gerade Hitchcock erwähne: Sie wissen ja, dass ich in einem seiner Filme mitgespielt habe, *Topaz*. Aber das war um einiges später, in den 1960er-Jahren.

Hitchcock war sehr liebenswürdig. Ich erinnere mich, auch ihm einen Streich gespielt zu haben, der ihn amüsiert hat. Ich saß auf Abruf für eine Szene und bereitete mich vor, als ein Techniker kam und sagte: »Monsieur, Hitchcock erwartet Sie.« Ich antwortete, ich sei noch nicht fertig. Der Mann war perplex. Was bildete sich dieser dubiose französische Schauspieler eigentlich ein? Ich trödelte ein bisschen herum, dann ging ich zu Hitchcock, der anfing, mir die Szene zu beschreiben. Ich sah ihn an und fragte: »OK, yes, but what is the big meaning? Was treibt die Figur an?« Er lachte und sagte mir: »Your motivation is money.« Jetzt lachte ich. »Sie können mir also nicht meine Figur erklären?« »Kommt gar nicht infrage«, antwortete er. »Ihr Schauspieler verdient eine ziemliche Stange Geld. Ihr wollt doch nicht auch noch verlangen, dass ich euch eure Figur erkläre! Glauben Sie, dass ich James Stewart seine Figur erklärt habe? Gott sei Dank hat er nie danach gefragt.« Es gab eine ganze Reihe solcher kleinen Sticheleien zwischen uns. Das war sehr amüsant, sehr sympathisch und auch anrührend.

Einmal war ich zusammen mit einigen anderen französischen Schauspielern aus dem Film bei ihm in Los Angeles zu einem Dinner eingeladen. Es war herrlich. Das Essen dauerte lange. Wir hatten viel Spaß. Er zeigte uns sein Haus, speziell die Küche, an der ihm besonders gelegen war. Als sich der Abend dem Ende zuneigte, sagte jemand: »Wollen wir nicht noch in einen Nachtclub gehen?« Er schien zu zögern, lehnte aber schließlich ab mitzukommen, weil es zu spät sei. Er hatte sich ziemlich gut mit all diesen Franzosen amüsiert. Allerdings ist dieser Film, in dem ich auftrete, eher misslungen. Oder zumindest ist es nicht sein bester.

Sie haben auch Jean-Pierre Melville erwähnt: Wir kannten uns gut. Ich habe ihn oft gesehen, als ich gerade anfing, größere und bessere Rollen im Kino zu spielen. Da bemerkte er mich. Er war ein guter Beobachter und rief mich oft an. Ich war sehr glücklich, als ich ihn in seinem Studio in der Rue Jenner[25] besuchen durfte. Er half mir sehr, das Kino zu verstehen, und den Begegnungen mit ihm verdanke ich, dass mir überhaupt klar wurde, wohin ich wollte. Leider hatte ich nur einen einzigen kleinen Auftritt bei ihm, in *Le Doulos*. Was mich übrigens darauf bringt, dass ich ziemlich selten Schurken gespielt habe. Schräge Typen *en masse*, aber selten richtige Schurken.

Wie es dazu kam, dass ich in *Le Mépris* gespielt habe? Ich erinnere mich an das Treffen mit Godard. Er hat mich zu sich bestellt und mir erzählt, dass er eine Adaption des Buches von Moravia drehen wollte. Ob mich das interessieren würde? Zu diesem Zeitpunkt, Anfang der 1960er-Jahre, war ich ja noch ein Niemand, ein junger, kaum bekannter Schauspieler. Godard machte sich nicht die Mühe, mir zu schmeicheln oder zu erklären, wie er auf mich gekommen war – er gehört nicht zu den Filmemachern, die sich bemühen, Schauspielern Sicherheit zu vermitteln, um ihren Narzissmus zu befriedigen. Als ich zusagte, erklärte er mir lediglich, die Dreharbeiten würden in drei Wochen beginnen, in Italien. Ich war überwältigt von der Aussicht, für Godard zu arbeiten und mit Brigitte Bardot, die damals ein ungeheurer Star war, zusammen zu spielen, und auch mit Fritz Lang.

Umgekehrt war auch Godard beeindruckt. Von allem und jedem, von Lang, von der Bardot, ja sogar von mir, trotz meines jungen Alters. Er war beeindruckt, war aber auch der Chef und strahlte eine große Autorität aus. Damals, 1963, war es keineswegs so, dass ihn schon jeder kannte, aber sein Selbstbewusstsein war bereits enorm. *Le Mépris* war ein bizarres Projekt, in dem es einerseits diesen Künstler gab, der ein paar kleine, sagen wir »extravagante« Filme gedreht hatte und von der Kritik als Kino-Revolutionär eingestuft wurde, andererseits war da dieser überragende Star, Brigitte Bardot, dem die Presse und das Publikum zu Füßen lagen. Die Produzenten hatten vor, *einen Coup* zu landen und Godard lieferte ihnen dazu die Geschichte – scheiternde Figuren in Technicolor und Cinemascope. Es war sein erster Film in Farbe. Meine Figur ist ein feiger Schriftsteller, der sich von der Welt des Geldes verschlingen lässt und nicht mehr schreibt, was er schreiben will – ein umgekehrtes Double von Godard selbst.

Le Mépris hat mir einige der schönsten Momente beschert, die ich je mit meinem Regisseur und meinen Schauspielkollegen erleben durfte. Wir alle, Fritz Lang, die Bardot, die Techniker arbeiteten voller Freude, aber auch mit außergewöhnlicher Ernsthaftigkeit. Es ist selten, dass Dreharbeiten so vergnügt und konzentriert verlaufen. Godard wusste, was er wollte. Selten ließ er eine Aufnahme wiederholen. Die gesamten Dreharbeiten waren angenehm und gleichzeitig äußerst fokussiert. Für Schwatz und Scherz blieb nicht viel Zeit. Godard konnte hart sein, übte seinen Beruf aber aufgeschlossen und wohlwollend aus. Er war sogar sehr emotional. Er brachte den Menschen, mit denen er arbeitete, eine sehr große Zuneigung entgegen, sowohl den Schauspielern als auch den Technikern. Sicher war er auch sarkastisch und sehr ironisch. Ich erinnere mich, dass er den Drehplan so gelegt hatte, dass er das Wochenende mit einer Frau in Frankreich verbringen konnte. Am Abend davor fragt er mich, was ich an den beiden freien Tagen vorhabe, und ich antworte ihm, ich werde in Italien bleiben und wahrscheinlich Pompeji besichtigen. Da er weiß, dass auch ich eine Frau habe, die in Paris auf mich wartet, wirft er mir aus heiterem

Himmel hin: »Du ziehst also tote Städte lebendigen Frauen vor?«

Nur Jack Palance war bei den Dreharbeiten nicht so richtig mit von der Partie. Er verstand nicht, was er bei diesem Projekt eigentlich sollte, worauf die Szenen hinausliefen und wie er sich überhaupt auf so einen Film hatte einlassen können. Er war immer schlecht gelaunt und lustlos. Godard spürte schnell, dass Palance weder verstand noch verstehen wollte, und wurde ihm gegenüber unausstehlich. Er konnte ihn schlicht nicht mehr ertragen und maulte ihn dauernd an. Ich höre ihn noch, wie er schimpfte: »Wie blöde ist der eigentlich!« Schließlich hat er ihn ignoriert und so getan, als kenne er ihn nicht mehr. Er überließ ihn sich selbst und seiner Rolle und am Ende ging das sogar ziemlich gut auf.

Fritz Lang dagegen war begeistert, bei *Le Mépris* mit dabei zu sein. Er war froh, Fritz Lang zu spielen. Er hatte sich geschworen, Godard keine Ratschläge zu geben, und hielt sich auch streng daran. Wie auch immer, obwohl der junge Filmemacher zu Fritz Lang als Monument der Filmgeschichte aufschaute, so musste dieser notwendigerweise schweigen, wie alle anderen Schauspieler auch. Sie gingen sehr zurückhaltend miteinander um. Man spürte den Respekt und die verschämte Komplizenschaft zwischen dem alten und dem jungen Mann. Sicher war Godard auf eine fast kindliche Weise tief beeindruckt, diesen epochalen Regisseur an seinem Set zu haben, so als hätte er da ein ganz besonderes Spielzeug. Sie waren beide extrem glücklich, einander als große Männer des Kinos zu betrachten …

Ich selbst hatte mit Fritz Lang einen eher freundschaftlichen Kontakt. Auf Capri, als wir in Malapartes großer Villa[26] drehten, spazierten wir gemeinsam zum Drehort. Wir hatten es uns zur Gewohnheit gemacht, zweimal am Tag diesen halbstündigen Weg gemeinsam zu gehen. Wie nannte Fritz Lang mich gleich? Vielleicht nicht »Blödmann«, aber irgendwas in dieser Art. Wir haben uns recht gut angefreundet und ich habe ihn später noch öfter in Los Angeles besucht, natürlich auch während der Dreharbeiten zu *Topaz* von Hitchcock. Wir blieben unter uns, ohne irgendjemanden sonst aus den Studios oder der kleinen Welt von Hollywood. Irgendwann einmal, als ich eine Einladung zu was weiß ich welcher mondänen Party ausschlug, mit der Begründung Fritz Lang besuchen zu wollen, wunderte sich jemand: »Ach, du triffst Fritz Lang? Ist der nicht längst tot?« Er war damals schon alt,

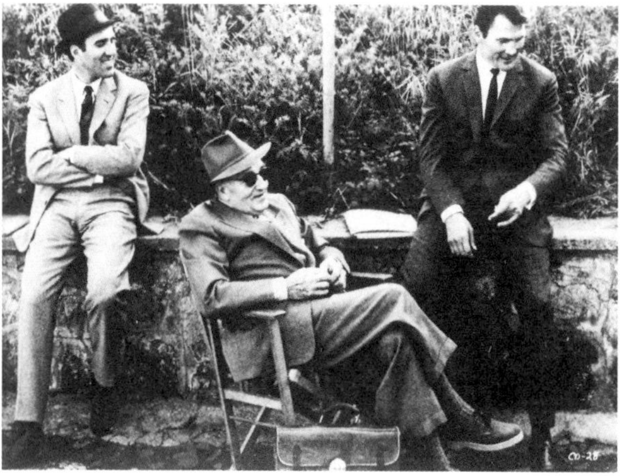

Michel Piccoli, Fritz Lang, Jack Palance

aber noch sehr vital. Er lebte mit einer Frau zusammen und ich habe nie wirklich verstanden, in welcher Beziehung sie zueinander standen. Vielleicht waren sie verheiratet, vielleicht hat er sie sehr geliebt, aber in erster Linie schien sie mir für ihn nützlich und notwendig zu sein. Sie blieb irgendwie auf Distanz. Fritz Lang gab sich gern als Autorität. Das war ihm ein tiefes Bedürfnis.

Was Brigitte Bardot angeht, die große Berühmtheit, die die ganze Welt zum Schwärmen brachte, so ist meine erste Erinnerung an sie ihre Abwesenheit. Das mag komisch klingen, aber so war das. Brigitte

Bardot war so beeindruckt von Langs Ruf, dass sie sich versteckt hatte und nicht aufzufinden war, als sie einander vorgestellt werden sollten. Wir sind also weit entfernt von dem, was der Name Bardot allgemein vermuten lässt. Wie Sie wissen, ist die Bardot alles andere als dumm. Sie hatte das Buch von Moravia gelesen und selbst wenn sie einige Entscheidungen Godards nicht nachvollziehen konnte, so wusste sie doch sehr genau, dass sie in einem außergewöhnlichen Film spielte.

Ich war der Bardot vor den Dreharbeiten noch nie begegnet und war von ihrer Unschuld und Spontaneität überwältigt. Sie hatte eine großartige Energie. Sowohl vor der Kamera wie im Leben war sie sehr unkompliziert und spielte sich nie als Star auf. Sie arbeitete sehr diszipliniert. Sie war pünktlich. Sie konnte ihren Text. Sie nahm die Sache wirklich ernst, war sehr genau, wahrscheinlich weil die Arbeit mit Jean-Luc sie doch einschüchterte. Ich glaube, ich konnte ihr die Anspannung etwas nehmen, weil sie spürte, dass ich ihre Aufregung verstand. Sie war keine Diva, die nur darauf aus war, allen Launen, die man irgendwie von ihr erwartete, nachzugeben. Ihr Hauptproblem war eher, dass sie befürchtete, von ihrem lästigen Ruhm überholt zu werden. Sie wollte lernen. Sie wollte ihr Bestes geben. Verständlich, weil Godard den Schauspielern manchmal das Gefühl vermittelt, sich allein durchschlagen zu müssen; als ob es nur darum ginge, etwas auszuführen, was er nicht erst stundenlang erklären wollte – jedenfalls nicht so, wie es die meisten Regisseure uns angewöhnt haben.

Es war sehr erstaunlich zu sehen, dass diese so außergewöhnliche Brigitte Bardot sich wie ein lernbegieriges und diszipliniertes kleines Mädchen verhielt. Bei den Dreharbeiten war sie gut gelaunt. Sie spielte Karten mit den Friseuren und Maskenbildnern. Ich war glücklich, dass es uns gelang, einander zu unterstützen und gut zusammenzuarbeiten. Auch wenn sie manchmal selbst darüber verwundert war, zugestimmt zu haben, in diesem Film mitzuwirken, war sie doch fasziniert von diesem bemerkenswerten Werk und von diesem schrecklichen Godard, den sie bewunderte. Ich kann das bezeugen, weil wir während der Dreharbeiten viel zusammen waren, aber rein platonisch! Man war halt befreundet und hatte Spaß miteinander. Sie verblüffte mich, für sie war alles normal. Das sagte sie auch immer, wenn ich mich über irgendetwas wunderte. »Aber das ist doch normal!« Für sie gab

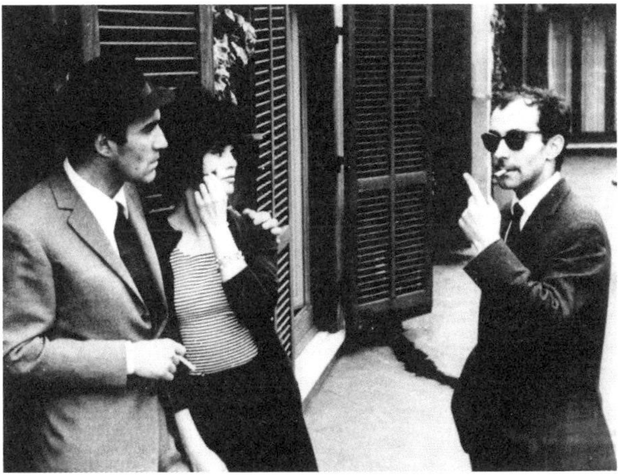

Michel Piccoli, Brigitte Bardot, Jean-Luc Godard

es keinen Grund sich aufzuregen. Ich dagegen habe mich während der Dreharbeiten durchaus ernsthaft aufgeregt. *France Dimanche* etwa berichtete über die Bardot und mich und titelte mit der Frage: »Kann er ihr widerstehen?« Ich rief erst Brigittes Lebensgefährten an, um ihm zu sagen, das sei verrückt, dann den Autor des Artikels, um ihn zu beschimpfen. Er antwortete mir, ich solle mich doch über die Werbung freuen …

Längst ist über die Dreharbeiten der berühmten Anfangsszene alles gesagt worden. Die beiden Produzenten wollten nicht nur, dass Godard die

Bardot filmt, sie wollten auch, dass der Film sie *vorführt*, dass er sie enthüllt. Es musste eine gewagte Szene sein. So entwarf Godard schließlich eine der schönsten Liebesszenen, die ich je im Kino gespielt habe. Die Einstellung war wie folgt: Bardot war nackt und lag auf dem Bauch. Sie zeigte ihre Nervosität nicht, falls es die überhaupt gab, denn sie war ohnehin der Meinung, es sei keine Schande, sich nackt zu zeigen. Sie war sehr natürlich und ruhig. Godard hatte Bardot ein Buch auf den Po gelegt, und es war so ausgerichtet, dass die Kamera den Titel lesen konnte, der etwas mit Nacktheit zu tun hatte. Bis dahin hatte ich es noch nie gewagt, Filmemachern Ratschläge zu geben, und schon gar nicht jemandem wie Godard, dennoch sagte ich zu ihm: »Hör mal, du übertreibst, wir sollten es woanders hinlegen.« Und das tat er dann auch. Er sah wohl ein, dass ich Recht hatte, dass es das Bild vulgär machen würde und er das Buch besser weglassen sollte. Die Arbeit an dieser Szene verlief sehr schnell.

Sie haben völlig Recht, wenn Sie betonen, dass Marco Ferreri für mich einer der wichtigsten Filmemacher und außerdem ein guter Freund war. Er war so gewitzt, so geheimnisvoll, so distanziert. Er war einzigartig, von grandioser Intelligenz und Großzügigkeit. Das Verlangen, das er hatte, mit seinen Freunden zusammenzusein, denen gegenüber er sich wunderbar verhielt, war rührend. Er hatte keinen einzigen dieser Fehler, die man in der Regel mit »großen Künstlern« verbindet. Er war wenig belehrend und dennoch sehr imposant, jemand, der eher zuhörte als redete, der Stille als Stille genießen konnte und einfach vermied, über Nichtiges zu diskutieren. Wenn er nichts zu sagen hatte, begnügte er sich mit einem »Gut, dann geh' ich jetzt mal.« Er konnte ausfällig werden, wenn er glaubte, seine Zeit zu vergeuden. Aber lag er damit falsch? Mit ihm musste es vorangehen! »Also Hauptsache, das wird gemacht! – Was gemacht? – Das, was gemacht werden muss!«

Ich erinnere mich noch an den Tag, als ich ihn zum ersten Mal traf, als er förmlich über mich herfiel, um von seinem Film zu erzählen. Ich war auf dem Weg zu einem Dreh, es war spät und ich hatte es eilig. Er hält mich an und sagt: »Ich bin Ferreri, also, ich möchte Sie sehen und mit Ihnen sprechen.« Ich wusste zwar ungefähr, wer Ferreri dem Namen nach war, kannte ihn aber nicht persönlich. Ich antworte ihm, dass ich sehr spät dran sei und zur Arbeit müsse, dass ich aber, wenn er wolle, am nächsten Morgen früher käme, damit wir uns unterhalten könnten. »Das ist gut. Auf Wiedersehen und bis morgen.« Ich treffe ihn am nächsten Morgen in einem Café. Er gibt mir ein Blatt Papier zu lesen. »Ich möchte, dass Sie das lesen.« Ich lese es schnell durch und frage ihn, ob er wirklich vorhabe, die Geschichte eines Mannes zu erzählen, der sich allein in seiner Wohnung langweilt und schließlich seine Frau umbringt. Er sagt »Ja!« und fügt hinzu »Können Sie das machen?« Ich sage ja. Meine spontane Eingebung sagte mir, dass ich annehmen sollte. »Dann werden wir uns wiedersehen und es machen. Bis später.« Er nimmt sein Papier wieder an sich und geht davon. Das war *Dillinger è morto*. 1969. Ein sehr schöner, überraschender Film, mit nur einer Hauptfigur, in der Tat, aber mit zwei Frauenrollen, die zwar nur klein sind, doch durchaus ihre Bedeutung haben.

Sie irren sich, Gilles, wenn Sie sagen, dass der ganze Film auf der Kunst des Schauspielers beruht. Nein, es ist nicht die Kunst des Schauspielers, sondern die des Autors, des Regisseurs. Es ist seine Arbeit, die entscheidend ist. Ich bin nicht allein auf der Leinwand, weil ich immer mit dem Regisseur zusammen bin. Es ist Ferreri, den man sieht. Das Publikum versteht sehr wohl, dass da zwar nur ein einziger Schauspieler ist, an den man sich halten kann, aber vor allem gibt es einen außergewöhnlichen Autor. Diese Arbeit des Schauspielers, die hat ja der Regisseur geschrieben. Es ist Ferreri, der sich diese Figur ausgedacht hat, er ist es, der weiß, was sie tun wird.

Wenn ich mich dabei gut aus der Affäre ziehe, dann deshalb, weil ich eine Leidenschaft für meinen Beruf habe, für diese einzigartige Arbeit und vor allem für den Regisseur, der mir die Partitur, diese Wundertüte, geschenkt hat, in der all die Möglichkeiten des Spiels angelegt sind. Zweifellos erfinde auch ich etwas, aber ich bin sicherlich nicht der Autor oder Mitautor. Selbst wenn ich denke, meine Rolle auf bewundernswerte Weise gemeistert zu haben, bin es denn ich, der den Film zu dem gemacht hat, was er ist? Ist es nicht vielmehr der Regisseur, als dessen Werkzeug ich gedient habe und dessen Genialität man sofort bemerkt?

Ich bin Ferreris Marionette. Als er mich fragte, nachdem ich sein Drehbuch in der endgültigen Fassung gelesen hatte: »Sind Sie sich wirklich ganz sicher, dass Sie diesen Film machen wollen?«, sagte ich zu, ohne dass ich damals wirklich wusste, wer er war, aber ich war bereits von diesem Mann, seiner Handschrift, seiner Bescheidenheit begeistert. Ich konnte gar nicht anders, als mich ihm völlig anzuvertrauen. Ich habe es genossen, das Medium zu sein, um seine Persönlichkeit, seine Vision zu offenbaren. Mit sehr treffenden Worten und sehr wenigen Mitteln hat er es verstanden, das auszudrücken, was er wollte. Er ist der Autor.

Ich bin wirklich glücklich, diesen Film so gut hinbekommen zu haben. Und damit meine ich natürlich nicht das Lob, das Sie mir in Ihrer Frage aussprechen. *Dillinger è morto* ist die Art von Film, der einem schon beim Drehen eine außerordentliche Freude am Beruf beschert. Ich war auf Anhieb sehr zufrieden! Noch bevor ich ihn zum ersten Mal gesehen hatte. Und selbst wenn ich ihn jetzt, sechsundvierzig Jahre später, noch einmal anschaue, erstaunt er mich immer noch. Ich bin immer noch verblüfft über Ferreris Intelligenz. Sie können sich nicht vorstellen, wie gerne ich mit ihm gearbeitet habe. Es macht mich glücklich, wenn ich daran denke, dass ein Film wie *Dillinger è morto* existiert. Es ist unerheblich, wie viele Zuschauer ihn gesehen haben oder weiterhin sehen werden. Es ist kein einfacher Film. Aber ich denke, er ist einer der schönsten, die ich je gemacht habe. Ein verrückter Film, der sich nicht von selbst erklärt …

Ferreris Filme sind satirische Fabeln eines großen Moralisten, der zugleich ein Pessimist ist. Er zeigt, was aus der Gesellschaft und der Welt zu werden droht und wie beide auf ihren Untergang zusteuern. Sie sind ebenso brutal wie behutsam. Ja, Ferreri konnte wütend und grob werden, aber das war von kurzer Dauer, und er war nie vulgär.

Der andere Film, den ich mit ihm gemacht habe und der so erfolgreich war, ist ebenfalls eine Fabel, aber auch eine Farce und eine Tragödie. Was bedeutet es, wenn man bis zum Selbstmord geht, um glücklich zu sein? Dass man das Glück bis in den Tod hinein sucht? In *La grande bouffe* sind die vier Figuren, die Marcello Mastroianni, Ugo Tognazzi, Philippe Noiret und ich spielen, zugleich grandios und lächerlich, unglaublich und auch sehr greifbar. Realistische Figuren mit ihrem traurigen Glück …

Ich glaube, dass Noiret ziemlich verwundert war, überhaupt in diesem Film »gelandet« zu sein. Interessiert, ja. Neugierig, gewiss. Aber eben auch verwundert. Er war nicht auf der gleichen Wellenlänge wie wir, es gab da nicht diese Verbindung, die wir drei untereinander hatten. Ich sehe ihn immer noch, wie er in einem Raum sitzt, den er sich selbst hergerichtet hat, in seiner Zeitung liest und darauf wartet, zum Drehen gerufen zu werden. Er hielt sich abseits, war bei sich, aber nicht mit uns. Er konzentrierte sich, offensichtlich, aber er zog sich auch zurück. Es kann problematisch sein, sich zurückzuziehen, weil dann die Lockerheit im Miteinander fehlt, um es ein bisschen schlicht auszudrücken. Noiret war ein Einzelgänger. Das konnte überheblich wirken. Vielleicht war es ihm unangenehm, dass er sich nicht richtig zugehörig fühlen konnte und sich verloren vorkam zwischen den Italienern und mir? Aber er ist wirklich perfekt in dem Film. Seine Figur ist wunderbar.

Ich erinnere mich an eine Szene, ziemlich am Anfang, in der Andréa Ferréol ihm einen Knopf am Hosenschlitz annäht. An seiner Hose, direkt am Körper. Und dann kommt der Moment, in dem sie den Faden abbeißen muss … Ich liebe diese Art von kleinen Scherzen in Ferreris Filmen. Andréa Ferréol war fantastisch bei den Dreharbeiten. Auch sie war eingeschüchtert, aber gleichzeitig hatte sie große Freude daran, diese Rolle zu spielen. Bei ihr gab es beides: Angst und Freude.

Was ich als irritierend in Erinnerung behalte, wenn ich an *La grande bouffe* denke, das sind die Tanzszenen. Ferreri hatte mich gebeten, allein Tanzschritte zu üben, und er sagte mir, ich solle immer weitermachen und auf keinen Fall aufhören. Wir drehten lange und in verschiedenen Teilen des Sets. Kein erklärendes Wort: Ich sollte einfach nur tanzen. Nur er konnte auf solche Ideen kommen. Er behielt alles. Ich hätte nie gedacht, dass diese Szenen im Film so viel Raum einnehmen würden.

Von diesen Dreharbeiten bleibt mir immer das Bild von Tognazzi im Kopf, der Austern essen musste, obwohl er Austern hasste. Er nahm die Austern, schluckte, schluckte, schluckte, schluckte, und nach einer Weile spuckte er sie wieder aus. Und dann fing er wieder an. Das war einfach herrlich. Wenn ich an diese großen italienischen Schauspieler denke, an Marcello Mastroianni, an Ugo Tognazzi, sage ich mir, dass das, was wir in Frankreich machen, im Vergleich dazu oft ziemlich schwerfällig ist … Ich fand immer, dass die Filmleute in Rom, in Italien auf eine außergewöhnliche Art und Weise zusammenlebten. Die Art, wie die Schauspieler miteinander sprachen, sich ansahen und sich bewunderten, war beispielhaft. »Du bist der Dreckskerl, der den Film gemacht hat,

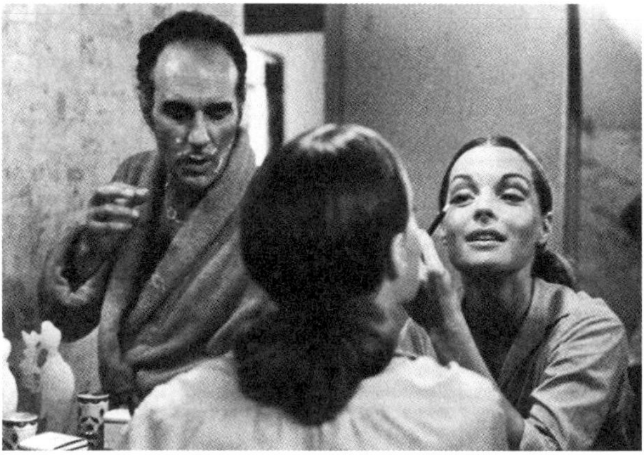

Michel Piccoli und Romy Schneider in
Les choses de la vie von Claude Sautet, 1970

den ich hätte machen sollen!« Es war toll zu sehen, wie sie so taten, als würden sie sich streiten.

Der erste Ferreri-Film, in dem ich mitspielte, *Dillinger è morto,* verbindet sich für mich mit *Les choses de la vie*. Beide Filme kamen zur gleichen Zeit in die Kinos. Sie waren formal sehr unterschiedlich, standen sich aber in meinen Augen inhaltlich trotzdem nahe. In beiden Filmen ertrug meine Figur ihre Existenz nicht mehr. Später hatte ich jeden der beiden Filmemacher mitgenommen, um den Film des jeweils anderen zu sehen. Claude Sautet war begeistert. »Will ich weiter Filme machen, nachdem ich das gesehen habe?« Ferreri blieb schweigend, bevor er zugab, dass ihm *Les choses de la vie* nicht gefallen hatte. Für seinen Geschmack war er zu sentimental und zu sehr im Alltäglichen verhaftet. Sautet, der lange gebraucht hatte, um die Filme zu drehen, die er wirklich machen wollte, war von konkreten Dingen besessen. »Es ist das Einzige, was mich interessiert«, erklärte er mir eines Tages, während einem seiner Wutanfälle.

Ich kannte Sautet nicht, bevor wir den ersten Film zusammen drehten, und wir wurden sehr gute Freunde. In seinen Augen war ich wohl eine Art Abbild seiner selbst. Er war Kettenraucher und in all seinen Filmen musste ich rauchen. Ich wirkte grotesk. In einer Szene, in der ich wütend sein sollte, aber im Spiel nicht den richtigen Ton fand, fing ich an, ihn zu imitieren. Da machte es klick. Sautet war begeistert von der Lösung, die ich gefunden hatte.

Romy Schneider war wunderbar. Wir verstanden uns auf Anhieb gut und wurden enge Freunde, sehr vertraut, aber mit großem Respekt füreinander. Sie war strahlend und wunderschön. Ich nannte sie »la chleuh«[27]. Sie wusste, dass ich mich gerne über sie lustig machte, und das gefiel ihr. La chleuh! Das war die Art von Dingen, über die sie sich kaputtlachen konnte. Sie lachte darüber, weil ich es wagte, mich ihr gegenüber anders zu verhalten als all ihre Verehrer und Liebhaber. Mein Verhalten lenkte sie ab von ihrer Größe. Was für eine Schauspielerin! Sie war immer glücklich, wenn sie drehen konnte, und staunte, so viele schöne Dinge zu tun zu haben. Ich liebte es, ihr bei der Arbeit zuzusehen, sie war aufregend und sehr bewegend, sehr einschüchternd. Und sehr eingeschüchtert, sehr wenig ihrer selbst sicher.

Habe ich sie geliebt? Nein, ich war nie in Romy verliebt, aber ich habe sie gut gekannt. Mir wurde schnell klar, dass sie nicht glücklich sein konnte, dass sie nicht wusste, was man tun muss, um glücklich zu sein. Sie war die Schauspielerin, der ich am nächsten stand, deren Leid und Leben ich am besten kannte. In ihr war eine große Unruhe. Ich frage mich, ob sie ihre Kraft voll ausschöpfen konnte. Im Grunde war sie sehr schwach. Es war eines dieser Leben, die voller Kummer sind. Alles wurde ihr sehr schnell leidvoll. Ich spürte es und als wir uns besser kannten, hat sie es mir gesagt, hat es eingestanden. Von ihrer Geburt bis zu ihrem Tod war sie nie glücklich. Manchmal hat sie geglaubt, glücklich zu sein, aber sie war es nie wirklich. Sicher gab es große und innige Liebesbeziehungen in ihrem Leben – und viel Liebeskummer. Sautet war wahnsinnig verliebt in seine Schauspielerin und furchtbar glücklich, mit ihr zu arbeiten. Sie und ich hatten die Schwäche, uns zu nicht immer ehrlichen Gesten hinreißen zu lassen, aber das hat, wie man so schön sagt, nie die Freundschaft zerstört, die uns verband. Niemals.

Ich habe bei Sautet zweimal mit Romy gedreht, in *Les choses de la vie* und in *Max et les ferrailleurs*. In *Mado* taucht sie nur kurz auf. In *César et Rosalie*, dem anderen Film, den sie mit Sautet gemacht hat, ist ihr Partner Yves Montand. Ihn mochte ich nicht besonders.

Ich brauchte eine Weile, um Film und Theater nicht im Wettstreit miteinander zu sehen. Heute weiß ich, dass mir nur ein einziger Beruf gegeben war, der sich lediglich in zwei Richtungen bewegt hat, aber es stimmt, dass ich lange Jahre gar kein Theater mehr gespielt habe. Es war das Kino, das ab Mitte der 1960er-Jahre aus mir einen Star gemacht hat, mit Godards *Le Mépris*, mit *De l'amour* von Jean Aurel[28] und mit *Dom Juan,* der von Marcel Bluwal[29] für das Fernsehen inszeniert wurde.

An jenem Abend 1965 hatten durch die Ausstrahlung des Fernsehfilms sicherlich mehr Menschen Molières Meisterwerk gesehen als jemals seit seiner Entstehung drei Jahrhunderte zuvor! Zwölf Millionen an einem Abend, können Sie sich das vorstellen? Ich habe die Arbeit beim Fernsehen sehr geliebt, als man Leuten wie Bluwal noch die Gelegenheit gab zu experimentieren. Zu dieser Zeit kam es noch vor, dass man in einem Zug durchspielte. Und zwar live. Man musste ein Bombengedächtnis haben.

In den 1960er- und 1970er-Jahren stand ich kaum noch auf der Bühne, aber ich erinnere mich trotzdem an das Stück *Der Stellvertreter* [von Rolf Hochhuth, Anm. d. Übers.] aus dem Jahr 1963, das von Jorge Semprún adaptiert wurde. Tagsüber drehte ich und abends spielte ich im Athénée[30]. Es war ein interessantes Stück, das von François Darbon[31] und Peter Brook inszeniert wurde und Gegenstand einer heftigen Polemik wurde. Es griff die Haltung von Pabst Pius XII. gegenüber den Juden während des Krieges an. Die durch das Stück ausgelösten Kontroversen und die damit verbundene Gewalt überschwemmten die Presse. Die Fundamentalisten machten jeden Abend Radau und die Polizei kam, um die Ordnung wiederherzustellen. Man glaubte sogar, dass das Stück wegen Störung der öffentlichen Ordnung verboten werden könnte. Ich spielte Kurt Gerstein, und eines Abends bekam der Schauspieler, der den Jesuitenpater spielte, Angst und verschwand. Ich nahm das Textbuch, ging auf die Bühne und las die Rolle.

Erst Anfang der 1980er-Jahre bin ich mit Tschechows *Kirschgarten* wieder ans Theater, in die Bouffes du Nord, zurückgekehrt. Eine weitere Inszenierung von Peter Brook, dem Meister! Ich hatte gerade Ludivine geheiratet und sie besuchte fast jeden Abend die Aufführung. Am Ende muss sie den *Kirschgarten* bestimmt achtzehn Mal gesehen haben! Das war 1981. Ich hatte kurz zuvor mit Louis Malle *Atlantic City* gedreht. Die Stadt, die dem Film den Namen gegeben hatte, war unglaublich, damals wandelte sie sich gerade vom Badeparadies zur Spielhölle. Ich liebte es, mit Malle zu arbeiten. Später folgte noch *Milou en mai*. Ein wunderbarer Dreh! Jeder von uns hatte sein eigenes kleines Haus, im südlichen Gers[32], und wir trafen uns abends zu exquisiten Gelagen, die sich endlos hinzogen.

Der Theaterregisseur, mit dem ich in den 1980er-Jahren am engsten zusammengearbeitet habe, war Patrice Chéreau[33]. Mit ihm habe ich unter anderem in zwei Stücken von Bernard-Marie Koltès[34] gespielt: *Kampf des Negers und der Hunde* und *Rückkehr in die Wüste*. Chéreau besaß eine große Autorität und legte größten Wert auf Präzision, und er hatte großes Vergnügen am Text und große Freude an der Arbeit mit den Schauspielern. Er war ein unermüdlicher Arbeiter. Er hat Koltès in seiner schriftstellerischen Arbeit erheblich unterstützt. Sie waren durch eine furios-leidenschaftliche Beziehung miteinander verbunden. Ich spielte viele der Stücke, die Chéreau inszenierte, als er das Théâtre des Amandiers leitete, und wir wurden Freunde. Er hatte mich seinem Vater vorgestellt. Es gefiel mir, mich ein bisschen seiner Familie zugehörig zu fühlen. Wir besuchten gemeinsam seinen Vater, als er sehr krank war. Freundschaft und Arbeit gingen Hand in Hand.

Chéreau lebte exzessiv und anspruchsvoll. Durch ihn lernte ich auch Youssef Chahine kennen. Alle zusammen drehten wir *Adieu Bonaparte* in Ägypten. Wir wurden eine »Bande leidenschaftlicher Freunde«, in der Offenheit und Ehrlichkeit Gesetz waren.

Natürlich ist es leichter, über Freundschaften zu sprechen als über Liebesbeziehungen. Aber trotzdem ein paar Worte, hoffentlich in der gebotenen Diskretion, über Juliette Gréco. Wir lernten uns bei einem Empfang kennen. Ich setzte mich zu ihr. Wir kannten uns überhaupt nicht. »Vor allem höflich sein«, sagte ich mir. Wir unterhielten uns sehr vertraut und nach und nach dachte ich: »Was ist hier los? Erstaunlich! Wunderbar!« Wir entdeckten uns gegenseitig. Zunächst verlief alles mit beispielhafter Reife und das hat es mir möglich gemacht, sie zu entdecken und mich entdecken zu lassen. Ich finde es sehr interessant, dass in der Begegnung zwischen einem Mann und einer Frau eine große Energie fließt, jedoch mit Respekt und Eleganz. Es gibt die Freude am Reden und Zuhören, das Vergnügen, einander kennenzulernen und zu verstehen zu geben, dass man verführt ist. Man zeigt sich so, wie man gerne ist. Man sieht die andere Person so, wie sie gerne ist. Man spielt kein Interesse vor: Man interessiert sich wirklich. So war es mit Juliette Gréco.

Wir haben aufeinander gewartet. Wir sahen uns wieder. Ich musste mich gedulden, bevor ich wirklich mit ihr zusammen sein konnte. Ich lebte mein Leben. Sie sagte mir, auch sie habe ihr eigenes Leben. Und schließlich lebten wir zusammen. In ihrer Wohnung. Eines Tages sagte sie mir, es sei vorbei. Sie hatte einen Mann im Kopf, der aufgetaucht war, um mit ihr zu arbeiten, und so in unser Leben platzte. Er war Pianist. Sie kannten sich gut, waren eng befreundet, aber nach und nach hat sich ihre Beziehung verändert. Ich habe nicht versucht, den Starken zu spielen, ich habe mich zurückgezogen. Und eines Tages sagte sie: »Geh doch bitte!« Ziemlich genau so. Das war schmerzhaft, zumindest für mich.

Als wir noch zusammenlebten, begleitete ich sie manchmal auf ihren Tourneen. Das gefiel mir. Wir führten ein sehr angenehmes Leben. Plötzlich aber war es zu Ende. Es ist erstaunlich, wie sich Stimmungen und Leidenschaften zwischen uns, Männern und Frauen, gestalten oder zelebriert werden. Darin liegt etwas Geheimnisvolles und Ernsthaftes. Gibt es immer jemanden, der mehr liebt als der andere? Den, dem ein anderer Lebensweg reizvoller erscheint, der sich von einer Verführung verführen lässt. Aber ich denke, ich habe Ihre indiskrete Frage ausreichend beantwortet.

IV.

Der Schauspieler

Lieber Michel,
beim Lesen mancher Passagen Ihrer Briefe, aber auch wenn ich an einige unserer Gespräche zurückdenke, fällt mir auf, dass diese Angst, »prätentiös« zu erscheinen, wirklich eine Konstante Ihres Charakters ist …

Ich frage mich, wie Sie definieren würden, was einen »großen Schauspieler« ausmacht. Was zeichnet einen Schauspieler als wahren Kunstler aus, als einen, der dieses »gewisse Etwas« hat, das ihn von allen anderen unterscheidet?

Im Theater, zu Beginn Ihrer Karriere, wurden Sie oft als junger Liebhaber besetzt. Aber das ging vorüber. Wie haben Sie nach und nach zu den Rollen gefunden, bei denen Sie das Gefühl hatten, dafür geschaffen zu sein? Und haben Sie im Kino nicht zunehmend auch zur Entwicklung Ihrer Charaktere beigetragen? In vielen Filmen haben Sie sich beispielsweise verkleidet. Sie haben sorgfältig an Ihrer Erscheinung gearbeitet, die manchmal exzentrisch und sogar bizarr sein konnte.

Außerdem kamen Sie gern mit Kleidungsstücken oder Requisiten an, die Sie irgendwo aufgespürt hatten … Oft hatten Ihre Ausstaffierungen etwas Verrücktes, ja Burleskes an sich, was zwar selten erwähnt wird, mir aber offensichtlich erscheint.

Sie sprachen davon, dass Ihr Beruf zwei Richtungen eingeschlagen hat, die eine hin zum Film, die andere zum Theater. Vergessen Sie bitte nicht, dass Sie auch in anderen Funktionen tätig waren: Eine Zeit lang waren Sie Produzent und haben dann auch bei einigen Filmen selbst Regie geführt! Wie kam es dazu?

Eine Frage, die ich mir seit Ihrer ersten Antwort gestellt habe: Sie haben mehrfach Ihre Neigung zum Alleinsein erwähnt. War das eine Bürde? Ich denke an Filme wie z. B. Themroc, *in dem Ihre Figur sich buchstäblich einmauert in ihrer Wohnung, oder an den Fernsehfilm* Le chalet sous la neige, *wo Sie einen verirrten Skiläufer spielen, der in einem Chalet landet und dort über das Leben und sich selbst meditiert – und ich frage mich, ob Sie eigentlich das Alleinsein lieben oder nicht.*

Politisch jedenfalls haben Sie sich nicht in sich selbst zurückgezogen. Kann man sagen, Sie sind ein engagierter Schauspieler?

Vermute ich richtig, dass Sie gerne führen? Sie haben gelernt, ein Flugzeug zu steuern, wie man ein Pferd reitet, und auch das Bühnengeschehen beherrschen Sie. Ich sehe darin allerdings keineswegs einen Willen zur Dominanz, sondern eher einen gewissen Blick auf die Welt, der Ihnen in seiner Distanziertheit Flügel verleiht.

Eine letzte Frage, diesmal zum Thema Geld: Unter den vielen Berufen, die Sie in ihren Filmen hatten, finden sich ziemlich viele Geschäftsleute, kuriose Figuren und zwielichtige Gestalten. In Ihrem eigenen Leben dagegen scheint Ihnen Geld nicht so wichtig zu sein, als würden Sie es sogar ein wenig verachten. Zum Beispiel hatten Sie nur selten einen Agenten, obwohl dessen Job doch darin besteht, den Künstlern materielle Sorgen zu ersparen und sie vor den Produzenten zu schützen. Ist Ihnen das egal? Haben Sie sich nie dafür interessiert, viel Geld zu verdienen?

Ach ja, bevor ich's vergesse: Woher kommt es, dass Sie Yves Montand nicht besonders mögen?

***

Lieber Gilles,
ich werde versuchen, auf das Bombardement Ihrer Fragen zu antworten …

Zunächst das Geld. Ich habe Geld nicht verachtet, aber ich würde sagen, dass mich der Umgang damit belastete, dass es mir Angst machte. Insofern glaube ich tatsächlich, dass mich das Geldverdienen nie interessiert hat, was ich übrigens für einen Fehler halte. Oder besser gesagt, kommt es mir wie falscher Stolz vor, so zu denken. Es wirkt ein bisschen überheblich zu sagen, »Geld interessiert mich nicht, da stehe ich drüber.« Aber ich war immer so begeistert von den Arbeiten, an deren Entstehung ich mitwirkte, dass Geld für mich nie eine Priorität war. Das ist ein Fehler, aber auch eine Chance. Manche Schauspieler verdammen sich selbst dazu, ihr Geld mit beliebigen oder mittelmäßigen Rollen zu verdienen. Das Entscheidende für mich war, dass es mir an nichts fehlte, auch wenn es nicht immer einfach war.

Da fällt mir gerade eine kleine Geschichte ein. Eines Tages begegne ich einem Schauspieler, mit dem ich einmal gedreht hatte. Er hatte große Erfolge gehabt, jetzt aber war er pleite. Er sieht mich, fragt, wie es mir geht, und dann, noch bevor ich ihm überhaupt antworten kann, sagt er mir, er brauche Geld. Es war traurig und gleichzeitig charmant. Seine Aufrichtigkeit und die Einfachheit seiner Bitte berührten mich. Er hatte viel Geld verdient, aber aufgehört zu arbeiten, um, wie man so schön sagt, *das Leben zu genießen*. Eine solche Berufs- und Lebensentscheidung zu treffen, also einfach aufzuhören, ohne vernünftigen Grund, bedeutet in meinen Augen vor allem, dass ihn die Arbeit gelangweilt hatte und er dachte, das wahre Leben fände woanders statt. Da fängt die Traurigkeit an, wenn man sich bei der Arbeit langweilt. Ich dagegen hatte immer das Glück, gerne zu arbeiten. Die Arbeit, das war das Leben selbst. In all diesen Jahren habe ich fast immer gespielt. Ich weiß es sehr zu schätzen, dass das so war. Erst vor Kurzem hat die Arbeitslosigkeit begonnen …

Was Sie geschrieben haben, ist nicht ganz richtig: Ich hatte Agenten, zu Beginn, die sich um mich gekümmert haben und mir halfen, Arbeit zu finden. Ich war oft bei ihnen. Einige waren wunderbar. Vor allem Gérard Lebovici mochte ich sehr. Ich lernte ihn sehr früh kennen, gleich nachdem auch er mit dem Theaterunterricht angefangen hatte. Ursprünglich wollte er Schauspieler werden, gründete dann aber seine Agentur Artmedia[35]. Wir waren befreundet, auch wenn ich ihn später, nachdem er richtig berühmt geworden war, weniger gesehen habe. In seiner Arbeit war er von einer fantastischen Intelligenz und Leidenschaft.

Eine Zeit lang hatte ich also Agenten, bevor ich einen anderen Weg einschlug: Ich hatte Lust, mich zu befreien. Ich zog es vor, die finanziellen Bedingungen selbst zu verhandeln. Zweifellos gelang mir das nicht immer zu meinem Vorteil, obwohl ich es gelegentlich auch geschafft habe, anständige Gagen rauszuschlagen. Alles hing vom Regisseur und der Art der Produktion ab. Von Manoel de Oliveira verlangt man natürlich nicht das Gleiche wie vom Produzenten eines kommerziellen Films, der seine Finanzierung leicht zusammenbringt. Es gibt Filme, die es schwer haben, und wenn man sich entschließt, an ihnen mitzuwirken, weiß man, da ist nicht viel zu erwarten. Das Wichtigste ist, dass der Film, der einem am Herzen liegt, auch realisiert werden kann. Glauben Sie übrigens nicht, dass ich Geld verachte, weil ich so gehandelt habe, nein, es hat, wie schon erwähnt, eher mit Stolz zu tun.

Es liegt auf der Hand, dass nur wenige Produzenten wirklich offen und ehrlich sind, sobald es um finanzielle Fragen geht, die einen selbst betreffen. Das ist der Grund, weshalb es Agenten gibt. Sie sind dazu da, die Interessen der Schauspieler zu vertreten, na klar! Die Kehrseite der Medaille ist jedoch, dass man oft den unangenehmen Eindruck hat, es gehe ihnen hauptsächlich darum, *Karrierepläne* für ihre Schauspieler zu schmieden. Dabei kann man doch nur selbst wissen, was einen motiviert. Als ich mich entschied, auf einen Agenten zu verzichten, tat ich das, um nicht mehr mit jemandem zusammenarbeiten zu müssen, der, wie es manchmal geschieht, vor allem im eigenen Interesse handelt, oder der, wie es meistens der Fall ist, so handelt, wie er eben annimmt, es sei gut für dich. Mir lag daran, für meine Entscheidungen selbst verantwortlich zu sein. Das war sicher überheblich von mir, aber wer, wenn nicht ich, sollte wissen, was ich kann und was ich will? Was mir von Agenten, diesen professionellen *Arbeitsvermittlern*, vorgeschlagen wurde, erschien mir weder klar noch ehrlich. Also beschloss ich, mich um meine Angelegenheiten selbst zu kümmern. Ich wollte vor allem selbst aktiv werden und ohne Vermittlung im direkten Kontakt mit den *Machern* der Filme sein, mit den Regisseuren und Produzenten, also mit denen, die meine Arbeit verfolgen und mich engagieren. Ich brauchte so ein vertrauensvolles Miteinander der eigentlichen Arbeiter, der

Schauspieler und derjenigen, die uns für eine Rolle auswählen. Meine oberste Priorität war es nicht, auf meine Brieftasche zu achten, sondern die Projekte, die mir wirklich wichtig waren, zu verwirklichen.

In künstlerischer Hinsicht verstehe ich mich als engagierten Schauspieler, wenn es darum geht, im Zusammenspiel mit außerordentlichen Persönlichkeiten Dinge zu erforschen, zu entdecken, zu erschaffen. Politisch? Ja und nein. Ich kann es nicht wirklich sagen. Ich bin kein richtiger Aktivist, was ich manchmal bedaure. Warum ich mich nicht mehr und mutiger engagierte? Mir fehlte die Zeit. Ich kümmerte mich nur um meinen Beruf, der mich restlos in Anspruch nahm. Manchmal traf ich Politiker, aber ich suchte nicht ihre Nähe. Mitterrand bin ich begegnet. Er beeindruckte mich durch seine Zufriedenheit mit dem, was er war. Nicht nur als Politiker, sondern auch in seinem eigenen Leben. Von ihm ging eine Verführungskraft aus, die bei Männern wie bei Frauen wirkte. Mehr fühle ich mich allerdings zu jemandem wie Jospin hingezogen, den ich ab und zu sehe, weil sein Ferienhaus nicht weit von unserem entfernt ist. Er ist ein zutiefst aufrichtiger, zutiefst klarer und ehrlicher Politiker, und es war mutig, wie er aus der aktiven Politik ausgestiegen ist.[36]

Es gab nichts, was mich gereizt hätte, aktiv in die Politik zu gehen. Vielleicht war ich feige oder faul, vielleicht auch beides. Natürlich habe ich Petitionen und Manifeste unterzeichnet. Nichts Großartiges, aber besser als nichts. Ich wollte nie Mitglied einer politischen Partei werden wie einige meiner Freunde, die eine Zeit lang in der Kommunistischen Partei waren. Aber ich war immer empfindlich gegenüber krankhafter Unehrlichkeit, einem ekelhaften Verhalten, das nichts damit zu tun hat, ob man arm oder reich ist. Es gibt fantastische Reiche, die man nur bewundern kann, und es gibt Arme, die entsetzlich sind.

Ich habe mich lange Zeit als Pseudo-Aktivist bezeichnet. Jedenfalls bin ich glücklicherweise nicht zu jemand wie Yves Montand geworden. Er war sehr theatralisch in seiner Art, Politik zu machen. Ganz anders Simone Signoret, die in meinen Augen immer sehr ehrlich war und sich engagierte, ohne zu kokettieren oder ihr Image auszunutzen. Sie war sehr aufrichtig. Er dagegen inszenierte sich gern selbst. Das sind zwei sehr verschiedene Dinge.

Warum ich Yves Montand nicht besonders mochte? Weil ich ihn für karrieresüchtig hielt. Er rannte ständig dem Erfolg hinterher. Das war ziemlich kindisch von ihm. Es gibt Schauspieler, die mit

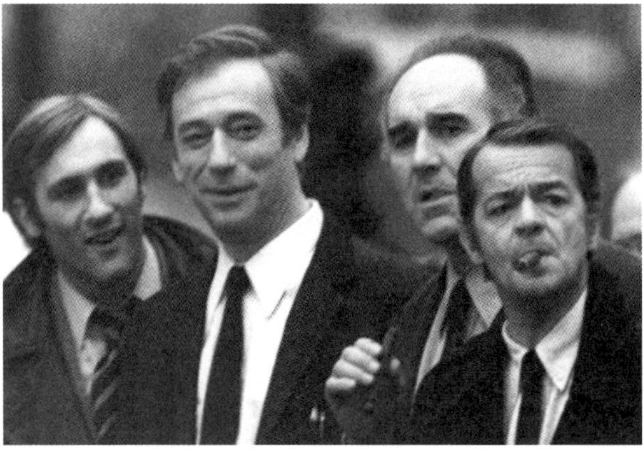

Gérard Depardieu, Yves Montand, Michel Piccoli und Serge Reggiani in *Vincent, François, Paul … et les autres*, 1974

ihrem Erfolg nicht gut zurechtkommen, und Montand war einer von ihnen. Er stieg ihm zu Kopf. Bei Montand hatte ich das Gefühl, dass ihn vor allem der Drang, berühmt zu werden, trieb und nicht die Lust am Beruf. Er war gerissen, ein Schlitzohr. Ihm fehlte das Quäntchen Selbstvertrauen, das es ihm ermöglicht hätte, immer wieder etwas anderes zu spielen. Er gab Montand. Ich möchte jedoch nicht gemein zu Montand sein. Ihn belastete das Gefühl seiner eigenen Größe. Das muss hart für ihn gewesen sein. Ich war sehr gut mit Simone Signoret befreundet, einer wunderbaren Frau. Sie war sich ihrer selbst nicht sicher, weder in Bezug auf ihre Arbeit noch in ihren Beziehungen zu anderen. Sie hatte ihm gegenüber nicht die nötige Autorität. Sie war immer noch sehr verliebt in ihren Mann und betonte dies ein wenig zu oft. Ich denke, ein Mann und eine Frau, die sich lieben, sollten die Zurückhaltung besitzen, dezent mit ihrem Liebesglück umzugehen, anstatt es zur Schau zu stellen.

Zu Beginn meiner Karriere spielte ich nicht nur die »jugendlichen Liebhaber«. Tatsächlich besagt »jugendlicher Liebhaber« – wie übrigens jedes andere Rollenfach im Theater – nicht viel. Es gibt Schauspieler, die das Glück haben, eine physische und intellektuelle Ausstrahlung zu besitzen, die sie für ein bestimmtes Fach prädestiniert, aber es ist nicht das, was zählt. Man kann ein exzellenter jugendlicher Liebhaber sein, gewiss, aber was zählt, ist, ein guter Schauspieler zu sein und sich in allen möglichen Repertoires und Welten zu bewähren. Am Theater besteht die Gefahr, sich in einem bestimmten Rollenfach einzurichten und darüber unbeweglich zu werden. Ein guter Schauspieler weigert sich, immer wieder das Gleiche zu tun. Er ist von Natur aus neugierig. Welche Rolle soll er wählen und erforschen? Mit welcher kann er das Publikum erreichen und es für ein Theaterstück begeistern, das diesen Ruhm verdient? Wer sind die Regisseure am Theater oder beim Film, dank derer man wachsen kann? Das sind die Fragen, die man sich stellen sollte. Ein guter Schauspieler sollte versuchen, immer wieder anders zu sein. Das ist ein viel klügerer Ansatz, als sich auf einen bestimmten Rollentyp zu versteifen.

Wie Sie sich richtig erinnern, lag mir tatsächlich viel daran, die äußere Erscheinung meiner Filmfiguren zu komponieren. Ich liebte es! Diesen Aspekt der Rolle wollte ich immer gemeinsam mit denjenigen erarbeiten, die dafür verantwortlich waren. Ich erinnere mich zum Beispiel, dass wir uns bei Francis Girods *Le trio infernal* gemeinsam – also Maskenbildner, Kostümbildner und ich – ausgemalt hatten, wie extravagant die Figur erscheinen sollte, und zwar ohne die Meinung des Regisseurs einzuholen. Wir bereiteten unseren Coup vor, wie man eine Überraschung oder einen Scherz vorbereitet. Würde er mich zurück in die Maske schicken und mein Aussehen für die Rolle komplett neu entwerfen? Das Erscheinungsbild ist ja sehr wichtig. Mir scheint, dass Schauspieler, die diesen

Aspekt ihrer Rollen vernachlässigen, immer gleich spielen, wie Automaten. Ich war also von der Idee besessen, das bestmögliche Äußere zu finden, um der Figur zu dienen, aber auch, um dem Regisseur zu gefallen. Generell war ich ein sehr aufmerksamer Schauspieler, der sich nach den Vorstellungen des Regisseurs richtete, seine Autorität respektierte, seine Wünsche oder Befürchtungen vorherzusehen versuchte und sich so auf dessen mögliche Reaktionen einstellte. Ich mag die Befriedigung, die sich einstellt, wenn man das Gefühl hat, so hilfreich wie möglich gewesen zu sein. Allerdings war ich der Meinung, dass es mir zustand, den ersten Vorschlag zu machen, wie ich in einer Rolle auszusehen hatte.

Es ist mir schon passiert, dass ein Regisseur bei der ersten Begegnung mit meiner Figur in schallendes Gelächter ausbrach. Ich neigte dazu zu übertreiben. Und es freut mich, dass Sie meine verrückte Seite, wie Sie sagen, oder das Burleske angesprochen haben. Davon ist selten die Rede, und doch ist es mir sehr wichtig. Deutlich wird das in einem Film wie *Themroc*, einem ziemlich einzigartigen Film ohne Dialog, den ich sehr mag, einem seltsamen, kraftvoll anarchischen, aber auch ernsthaften, sehr aufrichtigen Film, der zugleich spöttisch und elegant ist. Es ist seltsam und traurig, dass ein so außergewöhnlicher Regisseur wie Claude Faraldo so wenig bekannt ist. Er besaß große Autorität, hatte leidenschaftliche Tatkraft und enorm viel Chuzpe. Ich würde *Themroc* sehr gerne wiedersehen, ich empfinde eine große Liebe für diesem Film.

Lässt sich aus *Themroc* meine Neigung zum Alleinsein herauslesen? Ich glaube nicht. Im »richtigen« Leben bin ich nicht gerne allein. Und wenn ich spiele, ebenso wenig. In meinem Beruf kann ich mir das gar nicht leisten. Selbst wenn ich es spielen muss. Es gibt Schauspieler, die ihr eigenes Alleinsein spielen. Man merkt das sofort und es ist grauenhaft. Ich würde sogar sagen, es ist unehrlich.

Ich schreibe, das Alleinsein nicht zu mögen, aber gleichzeitig weiß ich, das stimmt nicht ganz. Wenn man zum Beispiel im Theater auftritt, gibt es nach der Vorstellung immer einen Moment der Erregtheit, und die meisten meiner Kollegen sind dann gerne zusammen, um das Spiel noch etwas zu verlängern und den Moment hinauszuzögern, in dem sie dann alleine sind. Sie sind glücklich, gemeinsam in einem Bistro zusammenzusitzen, zu essen und zu trinken. Ich habe das nie gemocht. Nachdem ich gespielt habe, setze ich mich lieber ab, gehe nach

Hause oder in ein Hotel. Ich esse alleine. Ich bin so davon erfüllt, gespielt zu haben, dass ich nichts mehr erwarte. Dieses Verhalten mag gleichgültig oder eingebildet erscheinen, jedenfalls nicht besonders freundlich, aber ich glaube, ich kann nicht anders. Außer an Premierenabenden, wenn es gilt, die Freude oder die Anspannung zu teilen, die es mit sich bringt, etwas zum ersten Mal aufgeführt zu haben, woran man so hart gearbeitet hat.

Schauspieler zu sein, ist ein so seltsames Metier … Man muss viel arbeiten, sobald man aber genug gearbeitet hat, sollte man damit aufhören. Man muss sich dem Spiel überlassen und dafür sorgen, dass es nicht mehr wie Arbeit und Anstrengung aussieht. Niemals! Es ist auch eine Sache des Taktgefühls gegenüber den Menschen, mit denen man zusammenarbeitet. Ich habe immer versucht, mit meinen Partnern ein tiefes Einverständnis herzustellen. Die Beziehung kann ernst sein oder auch sehr komisch und scherzhaft, das hängt von der Stimmung ab, aber man muss sich als Komplizen zusammenfinden. Man muss lernen, sich vor seinem Partner einfach zu verhalten. Oft steht man auf der Bühne, ohne etwas zu sagen, die Worte der anderen umgeben einen und man muss darauf achten, dass dieses Schweigen nicht anschwillt. Zuhören ist das Schwierigste für einen Schauspieler, dem Partner wirklich zuhören zu können, ohne ihn dabei zu verschlingen.

Ich weiß nicht genau, was aus einem Schauspieler einen echten Künstler macht. Aber mir scheint es ein Charakteristikum großer Schauspieler zu sein, dass sie ein Vertrauensverhältnis mit dem Publikum haben, welches sich im Lauf ihrer Karriere entwickelt hat. Sie geben dem Publikum das Gefühl, dass es immer noch etwas an ihnen entdecken kann. Es gelingt ihnen immer wieder, eine Überraschung zu schaffen. DIE Überraschung. Als ob kein Mensch ahnen würde, wozu sie fähig sind. In dem Moment, in dem man sie spielen sieht, weiß man nicht, was sie als Nächstes tun werden. Und vielleicht zeichnet es den authentischen Schauspieler aus, dass er das Risiko eingeht, selbst nicht zu wissen, wie er etwas macht …

Man kann die Frage aber auch anders stellen. Es gibt sehr intelligente Schauspieler, die alles verstehen, was sie tun, die perfekt sprechen, die das für ihren Beruf unerlässliche Minimum an Technik haben, ebenso über das notwendige Gedächtnis verfügen und die dennoch etwas vermissen lassen. Was? Das ist die Frage. Man könnte lange darüber diskutieren, aber meiner Meinung nach fehlt ihnen vor allem die Fähigkeit, Spaß zu haben. Es ist zweifellos nicht die einzige Erklärung, sie ist nicht ausreichend, und Sie werden mir sagen, dass ich mich für Erklärungen immer wieder auf das Negativbeispiel meiner Eltern beziehe, aber ich glaube wirklich, das spielt eine große Rolle. Wenn man sich im Leben nicht zu sehr langweilen will, muss man irgendwann das wagen, was zurückzuhalten unsere natürliche Schüchternheit uns eigentlich befiehlt. Was im Leben funktioniert, funktioniert auch, wenn man das Leben spielt. Man muss Spaß daran haben, etwas zu wagen. Es gibt Schauspieler, die vor Lebensfreude nur so strotzen, aber es stimmt, es gibt auch die anderen, die Geheimnisvollen und Sensiblen, die nicht damit herausplatzen, was sie sind. Das sind zwei gegensätzliche und faszinierende Phänomene.

Es kam schon vor, dass berühmte Schauspieler auf dem Trockenen saßen, für einige Zeit nicht weiterkamen und manchmal sogar über viele Jahre ohne Arbeit blieben. Ich denke, es liegt daran, dass es diesen großen Schauspielern vielleicht nicht leicht genug fiel, ihre Rollen fröhlich und *frech* anzulegen. Ich hoffe, ich wirke mit diesem Erklärungsversuch nicht überheblich. Wenn ich das so sage, versuche ich vielleicht einfach zu verstehen und auch zu erklären, wie ich mein eigenes Leben als Schauspieler gelebt habe. Zum Beispiel habe ich immer gerne ernste oder intellektuelle Werke gespielt, all diese sehr riskanten Sachen. Doch auch in so einem Rahmen muss man sich der Schwere widersetzen. In diesem Beruf sollte man meiner Meinung nach immer einfach sprechen, fast schon banal. Das ist manchmal recht amüsant, denn der Partner fühlt sich dadurch vielleicht vor den Kopf gestoßen und denkt, dass sein Gegenüber gar nicht würdig ist, dieses bewundernswerte, feierliche Werk aufzuführen. Wenn man schon das Glück hat, in so große, schöne, intelligente und bizarre Erzählungen schauspielerisch einzutauchen, dann ist das Wunderbare nicht so sehr, das Publikum zu verführen oder gar anzubaggern, sondern vielmehr, es zu verblüffen. »Verblüffe mich!«, fordert das Publikum.

Ich mag keine aufgesetzte Ernsthaftigkeit und fürchte immer, prätentiös zu erscheinen. Genauer gesagt: Ich fürchte mich davor, prätentiös zu *sein.* Ich fürchte meine eigene Eitelkeit. Die Menschen mit meiner Arbeit zu verblüffen, und zwar *unprätentiös*, also einfach, ist wahrscheinlich mein Ideal. In meinen Augen sind eigentlich alle Menschen, die eine zu hohe Vorstellung von sich selbst und ihrem Beruf haben, unrühmlich und unerträglich, aber Künstler gehören in dieser Hinsicht zu den schlimmsten. Die Eitelkeit, die sie manchmal an den Tag legen können, ist grotesk. Das Gegenteil davon: Mastroianni. So sein, wie er war. Das absolute Vorbild. Er war ein großartiger Schauspieler, das kann niemand bestreiten. Er war sehr gutaussehend, was auch niemand bestreiten kann. Und er war ein großer Star. Aber er war auch sehr einfach, sehr natürlich in der Art und Weise, wie er über seinen Beruf nachdachte und ihn ausübte. Ich habe ihn oft sagen hören: »Schauspieler sein? Warum sich aufplustern, einfach machen und dann: *voilà* …« Viele Schauspieler dagegen übertreiben und kommen am Ende nirgendwo an.

Auf der Bühne oder am Filmset stellte ich mir manchmal vor oder redete mir ein, dass das Ganze gar kein Spiel wäre. Manchmal ist es eine notwendige Illusion sich vorzustellen, dass man, auch während man seinen Text spricht, gar nicht spielt. Man muss die Intelligenz des Textes in sich aufgenommen haben, aber der Schauspieler darf diese Intelligenz nicht ersticken oder, im Gegenteil, *verherrlichen* oder aufbauschen, wenn ich das so sagen darf. Natürlich muss man den Text auf seine Weise wiedergeben, aber ohne dabei den Stil des Autors zu vergessen. Das ist sehr wichtig: Man ist nicht da, um sich zu bedienen. Ich liebe es, *mit* dem Autor zu spielen. Ich stelle mir gerne genau den Moment vor, in dem er seinen Text geschrieben hat, ich überlege mir gerne, dass er seinen eigenen Text ja sicher auch schon selbst gesprochen hat. Spreche ich ihn so, wie er es wollte? Man muss so tun, als wäre der Autor der erste Zuschauer. Die Reaktion eines Schriftstellers, der seinem Schauspieler zuhört, ist übrigens ein sehr bewegender Moment, den ich einige Male miterleben durfte.

Zweifellos hat mein obsessives Reden über die Angst vor der Selbstgefälligkeit auch damit zu tun, dass ich »große Gesten« und Schwulst verabscheue. Schauspieler zu sein, bedeutet nicht, dass man besonders intelligent, bewundernswert oder imposant aussehen muss. Nein! Ein wirklich großer Schauspieler kann sehr bescheiden sein in seiner Arbeit, in seiner Freude an diesem extravaganten, außergewöhnlichen Beruf, der obendrein noch so viel Spaß macht. Er muss sich weder in der Öffentlichkeit zeigen noch irgendeines *Erfolgs* rühmen. Sein Erfolg hat nichts zu tun mit mittelmäßiger Angeberei.

Ich mag Schauspieler, die ihrem Geheimnis treu bleiben.

Der Wunsch nach Erfolg ist notwendig, aber nicht ausreichend. Und wahrer Erfolg liegt in der Freiheit des Spiels, die man manchmal erreicht, in der Freude, die man dem Publikum, dem Partner bereitet, aber nicht sich selbst. Man muss sich die eigene Spielfreude bewahren, sich aber auch zurücknehmen und darf keinesfalls – ich kann es nicht oft genug wiederholen – wie im Schmierentheater spielen. Das ist der Horror schlechthin!

In den meisten Fällen sind die sogenannten »großen Schauspieler« völlig uninteressant. Viele baden in der vulgären Befriedigung, dass man ihnen zusieht, und sie genießen nur sich selbst. Tatsächlich sollte es aber ein Genuss sein, diesen Beruf auszuüben, ohne das Publikum damit zu überrumpeln, es zu reizen oder zu verärgern. Andernfalls werden sich die Leute fragen, was in diesem Körper eigentlich vorgeht, der sich da vor ihnen exponiert und verausgabt. Ich habe Schauspieler sagen hören: »Heute habe ich gut gespielt.« Ich finde, das hat eine fragwürdige, vulgäre Feierlichkeit. Ich selbst habe so etwas nie gesagt. Denn was heißt das schon: »gut spielen«?

In einem Punkt bin ich mir sicher: Als Schauspieler muss man sich voll und ganz dem Vergnügen überlassen, das man seinem Partner bereiten kann.

Die größte Verbundenheit verspüre ich jedoch mit meinem Publikum. Diese existiert zwar, ganz real, auch mit meinem Partner oder meiner Partnerin, aber glücklich bin ich nur, wenn ihr von dem Publikum Leben eingehaucht wird. Ich bin immer wieder überrascht, wie leidenschaftlich sich Zuschauer für das, was auf der Bühne passiert, begeistern oder, umgekehrt, wie unberührt oder skeptisch sie bleiben können.

Ich erinnere mich an ein Stück, das ich vor langer Zeit gespielt habe und in dem es einen langen Monolog gab, den ich sehr gerne gesprochen habe. Ich liebte die Freude, die mir dieser Text bereitete, und die Möglichkeit, eine ganze Geschichte zu erzählen. Eines Abends, am Ende der Aufführung, sagte ein Herr zu mir, dass das vermutlich kein Vergnügen gewesen sei. Er gab mir zu verstehen, dass er es für eine Strafe hielt, so lange reden zu müssen. Diese seltsame Reaktion beeindruckte mich. Er wollte sicher nur freundlich sein, es tat ihm leid für mich und er wollte mich trösten. Offensichtlich aber irrte er sich in meinen Gefühlen.

Spielen hat mir immer Freude gemacht. Ich habe es immer genossen, Schauspieler zu sein! Ja, ich habe es *genossen*. Damit meine ich keinesfalls, dass ich von mir selbst beeindruckt bin und mein Selbstvertrauen unerschütterlich ist. Das hat nichts mit einer derartigen Arroganz zu tun. Nein, ich war wie ein ewiges Kind, das sich freut, eine Geschichte zu erzählen. Einen Text zum Leben zu erwecken, hat mir immer unglaublichen Spaß bereitet. Vielleicht ist das der Grund, warum ich nie wirklich Lampenfieber hatte, zumindest nicht dieses lähmende Lampenfieber, bei dem sich alles zusammenzieht und das nur noch Qualen verursacht. Ich war immer erfüllt von und zufrieden mit meinem Beruf, niemals ernsthaft besorgt.

Manchmal kam es allerdings vor, dass ich mit Partnern spielte, die ängstlich waren. Das machte auch mich unruhig. Diese Unruhe war ansteckend und ich erlebte sie als meine eigene. Es gibt eine Leitung, über die man auf geheimnisvolle Weise mit seinem Partner verbunden ist. Ich weiß nicht, ob man es Lampenfieber nennen sollte, aber manchmal liegt eine Art Unbehagen in der Luft. Etwas, das Bauch und Kehle verkrampft, sich auf Gesten und Blicke legt. Es gibt Schauspieler, deren Spielfreude einem sofort in die Augen springt, und andere, die Qualen erleiden und angsterfüllt sind. Ich habe mit Schauspielern gespielt, die sich im Spiel nur wenig wohlfühlten, auch wenn sie talentiert waren. Und das fand ich nicht lustig. Ihre Angst löste auch bei mir Angst aus.

Vor allem mag ich es nicht, wenn Schauspieler nicht aus sich herausgehen. Oft ist das bei arroganten Mitspielern der Fall. Solche Begegnungen verwundern mich und stacheln mich an, mich über diese Art des Auftretens lustig zu machen. Das ist übrigens gefährlich, denn wenn sich ein Schauspieler unwohl fühlt, kann dessen Kraft verpuffen, selbst wenn er ansonsten großartig ist. Schwierig sind auch solche Situationen, in denen ein zu großes Gleichmaß auf der Bühne herrscht, dann neige ich dazu, mich zu amüsieren, Faxen zu machen und aus meinem »normalen« Spiel auszubrechen, es zu verzögern oder zu übersteigern. Allerdings nicht, um meinen Partner zu ärgern oder aus dem Konzept zu bringen, sondern weil ich ein Lächeln herbeizaubern möchte, das sagt: »Keine Sorge, es ist doch nur ein Spiel. Warum so ernst?« Ich habe es immer geliebt, meine Partner auf der Bühne zum Lachen zu bringen. Wenn ich allerdings das Gefühl habe, dass mein Verhalten sie verwirrt, lasse ich es sein. Ich erlaube mir das nur, wenn ich sehe, dass der andere es versteht und sich ebenfalls darüber amüsieren wird.

Ich wurde Produzent, weil ich vom Wunsch getrieben war, auch auf andere Weise als nur schauspielerisch zur Herstellung eines Films beizutragen. Aus diesem Grund beschloss ich 1973, meine eigene Firma, Les films 66, zu gründen. Es geschah auch, weil mein Freund, der Regisseur Francis Girod, mit dem ich mehrere Filme gedreht hatte, mich dazu drängte. Francis war witzig, charmant und verfügte über ein unglaubliches Gedächtnis, insbesondere was die Besatzungszeit betrifft. Wir waren damals eine richtige Clique, Girod, Jacques Rouffio, François Chaumette …

Damals kam ich finanziell ziemlich gut zurecht und, wie ich Ihnen schon sagte, muss Geld in meinen Augen zu etwas nütze sein. Also investierte ich das, was ich hatte, in die Produktionsfirma, was etwa zehn Jahre lang anhielt. Wir begannen mit *La grande bouffe* von Marco Ferreri – ein Skandalerfolg. Danach kam *Grandeur nature* von Luis García Berlanga, in dem sich meine Figur in eine aufblasbare Puppe verliebt; *Touche pas à la femme blanche*, wieder von Ferreri, mit dem ich häufig drehte; *Le trio infernal* von Francis Girod, der mit diesem Film zu seiner Hochform auflief; *7 morts sur ordonnance,* in dem Depardieu an den Fassaden der Klinik hochkletterte; *Des enfants gâtés* von Tavernier und *L'État sauvage* von Girod nach dem gleichnamigen Roman von Georges Conchon[37]. Einige Filme spielten mehr oder weniger ihr Geld ein, mit anderen bin ich völlig gescheitert. Es kam vor, dass ich viel Geld verlor, aber immer für eine gute Sache und immer mit dem Ziel, etwas zu tun, zu arbeiten. Ich verkaufte meine Wohnung, um *Il generale dell'armata morta* [von Luciano Tovoli, Anm. d. Übers.], der mir besonders am Herzen lag, fertigstellen zu können. Ich habe alles verloren. Es war eine entsetzlich schmerzhafte Zeit in meinem Leben, an deren Ende ich traurig mit ansehen musste, wie die Rechte an meinen Filmen zwangsversteigert wurden. Bei *Il generale dell'armata morta,* in den ich so viel Mühe investiert hatte, wurde ich von TF1 überboten und daran gehindert, zumindest die Rechte zu behalten. Ich war ruiniert und musste mich geschlagen geben. *Il generale dell'armata morta*, wie auch der Rest, wechselte also den Besitzer und es dauerte Jahre, bis ich den Großteil meiner Schulden zurückgezahlt hatte.

Auch mit Les films 66 ging es nur noch abwärts. Anfangs hatten wir ein großes Büro, drei Zimmer in der Avenue des Champs-Élysées 33, mit Angestellten, einer Sekretärin und einem Produktionsleiter in Vollzeit. Am Ende hatte sich das Büro in meine Wohnung in der Avenue Mac-Mahon zurückgezogen, wo ich bis 1985 lebte. Dort machten wir alles selbst, aber es war bereits zu spät. Als die Situation begann, sich zu verschlechtern, konnten wir uns schon selbst nichts mehr auszahlen und hatten das Finanzamt am Hals. Ich habe nicht bemerkt, dass Francis Girod noch weniger Sinn fürs Finanzielle besaß als ich selbst und darüber hinaus das Budget seiner Filme munter überzogen hatte. Am Ende ging nichts mehr, die erhofften Erfolge blieben aus und ich war, ohne das weiter ausführen zu wollen, sehr enttäuscht, reingelegt worden zu sein. Später wurde ich mein eigener Regisseur und schrieb die Drehbücher zusammen mit meiner Frau Ludivine.

Am Kino interessierte ich mich mit der Zeit immer mehr für die Technik. Ich hörte zu, was der Regisseur, die Techniker, die Handwerker, überhaupt alle, die die Maschine am Laufen hielten, zu sagen hatten. Auch wenn es nicht zu meinen unmittelbaren Aufgaben gehörte, betrachtete ich mich, sobald die Dreharbeiten begannen, als Teil des technischen Apparats und setzte meine Arbeit dazu ins Verhältnis. Es wurde zu einer Art Gewohnheit und die Leute, die mit mir arbeiten mussten, stellten

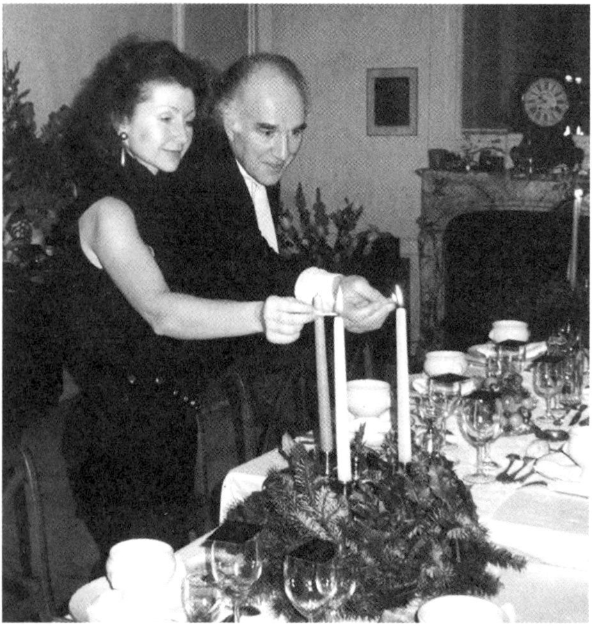

Ludivine C. Piccoli und Michel Piccoli, 1996

sich darauf ein. Ich war sehr aufmerksam. Diese Frage der Technik geht Hand in Hand mit jener des Spiels. Ich studierte, wie etwas funktionierte, was meine Szene und meine Präsenz auslösen konnten, und noch bevor ich den Regisseur fragte, was er erwartete, machte ich mir Gedanken darüber, was gebraucht werden könnte.

Natürlich stellen Schauspieler dem Regisseur Fragen zu ihrer Figur, aber es ist klar, dass einige schon genau wissen, was sie wollen, während andere sehr zögerlich sind. Dieses Zögern kann sogar gefährlich sein, es kann Unruhe und Anspannung am Set auslösen, ein Unbehagen, das sich womöglich auf den Rest des Teams überträgt. Für einen Schauspieler ist es manchmal schwierig, damit umzugehen. Damit sich diese Unruhe nicht noch weiter ausbreitet, bis sie von allen am Set wahrgenommen wird, muss man selbst stark und gelassen bleiben.

Mit Ludivine habe ich drei Filme zusammen gemacht. Produziert habe ich sie mit Paulo Branco[38]. Er trieb ein wenig Geld auf, wirklich sehr wenig, aber er hat es ermöglicht, dass die Filme zustande kamen. Ich weiß nicht, warum ich nicht weitergemacht habe. Ich hätte es gern getan. Der erste war sehr gut: *Alors voilà*, der hatte etwas. Der zweite Film, *La plage noire,* nach einem Buch von François Maspero[39], war ein Fehlschlag und niemand erinnert sich daran. Umso besser. Er war bemüht. Den dritten aber liebe ich, *C'est pas tout à fait la vie dont j'avais rêvé.* Ein Titel, der meine eigene Existenz beschreiben könnte …

Wollte ich zu hoch hinaus? Es stimmt, dass ich mir lange vor all den Problemen mit der Produktionsfirma einige Verrücktheiten geleistet habe. Ich hatte Lust auf ein Flugzeug und kaufte mir eines. Ich habe alle Flugscheine gemacht. So lernte ich auch meinen ältesten Freund Raymond Lévy kennen, der sowohl Pilot als auch künstlerischer Direktor der Éditions André Sauret[40] war, eines Verlags für Kunstdrucke, und wir haben uns bis zu seinem kürzlichen Tod nie aus den Augen verloren. Wir wohnten sogar sechs Monate lang bei ihm, bevor wir ins Marais zogen. Damals hatte ich einen Freund, ebenfalls einen Piloten, mit dem ich vereinbarte, dass er sich um das Flugzeug kümmern würde, das ich gekauft hatte, und es im Gegenzug benutzen konnte, wann immer er wollte. Er ließ es verrotten. Daraufhin verkaufte ich es wieder. Noch eine Enttäuschung.

Eine weitere Leidenschaft, abgesehen von der Schauspielerei, war das Reiten. Seit ich siebzehn oder achtzehn Jahre alt war, hatte ich diesen Sport mit allerhöchster Ernsthaftigkeit in einem Reitverein betrieben. Ich machte sogar eine Ausbildung als Pferdepfleger. Ich hatte immer ein bisschen nostalgisch an diese Zeit zurückgedacht und viel später, in den 1980er-Jahren, bin ich auf dem Anwesen meiner Frau auf einem Rennpferd geritten. Das Tier hat mich sogar einmal, als es seine Mähne schüttelte, mit dem Kopf niedergestreckt. War es ein Anflug brutaler Zärtlichkeit oder plötzliche Angst? Eigentlich dachte ich, einen ziemlich harten Schädel zu haben, aber nein, der meiner Stute war härter … Reiten zu können, kam mir auch bei etlichen Filmen zugute: In *Léonor* von Juan Luis Buñuel[41] stieg ich ebenso wie in *Adieu Bonaparte* von meinem Freund Youssef Chahine aufs Pferd, und zwar mit einem falschen Holzbein … Wirklich ein Abenteuer, auf den kleinen arabischen Pferden aus der Gegend von Kairo zu reiten, die plötzlich in dreifachem Galopp lospreschten, während ich mich in der Rolle eines Einbeinigen bemühte, im Sattel zu bleiben. Ich erinnere mich, dass ich stundenlang mit weggebundenem Bein vor der Kamera stand. Ich hatte schreckliche Krämpfe und Kribbeln. Während der Dreharbeiten hielt ich mich nie in meiner Garderobe auf. Ich erwies mich als hervorragender Stallbursche. Ich liebe Besen. Ich bin ein Besenfanatiker. Ich schrubbe und schrubbe und kann sogar imaginären Dreck erfinden. Beschwingtes Fegen macht mir den Kopf frei und lässt Ideen sprießen.

Ich weiß nicht, ob ich den Dingen unbedingt meinen Stempel aufdrücken oder einfach nur den Überblick behalten wollte, aber eines ist sicher: Ich liebe meine Freiheit über alles und ebenso das, was einzigartig ist und nicht irgendwelchen Normen folgt. Es würde mich ermüden, heute etwas zu tun und es am nächsten Tag zu wiederholen. Für die Unabhängigkeit, mich jederzeit davonmachen zu können, bin ich auch immer im Auto unterwegs. Ist das Pose? Spiele ich den Unabhängigen? Mag sein. Hinzu kommt, dass ich heute älter bin und sowieso alles ganz anders aussieht …

V.

Älter werden

Lieber Michel,
mir scheint, dass Ihnen die Kritik immer wohlgesonnen war. Wahrscheinlich deshalb, weil Sie, wie die Kritiker, ständig auf der Suche nach Erneuerung, Erstaunen und Überraschung sind. Ohne heute auf Ihr einhellig gelobtes Talent eingehen zu wollen, denke ich, dass man an Ihnen dieses Verhalten eines Jagdhundes schätzt, der dem Unbekannten auflauert in der Annahme, gute Beute zu machen. Aber was halten Sie umgekehrt eigentlich von der Kritik?

Und sind Sie der Ansicht, dass Ihre Karriere inzwischen hinter Ihnen liegt?

Ich kann Ihre Wehmut gut verstehen, wir könnten uns beide zurücklehnen und in unseren Erinnerungen schwelgen oder einfach nur leben. Aber weder Sie noch ich haben die Lust und das Bedürfnis verloren, etwas zu erschaffen, zu spielen, zu handeln, auch wenn wir uns manchmal schon dafür entschuldigen müssen, in unserem Alter überhaupt noch zu existieren … Wie auch immer, wie sollte man sich an Sie erinnern? Was sollte später über Sie gesagt werden?

Glauben Sie, vom Theater und Film fürs Leben gelernt zu haben, oder umgekehrt, dass das Leben Sie gelehrt hat, Theater und Film zu machen?

***

Lieber Gilles,
Sie sagen, die Kritik sei mir immer wohlgesonnen gewesen. Ich weiß nicht. Wenn es so ist, dann einfach deshalb, weil ich in vielen guten Filmen gespielt habe. Meine Antwort kommt Ihnen vielleicht eitel vor, aber ich glaube, ich hatte das Glück oder die Chance oder die Energie, um jeden Preis mit außergewöhnlichen Autoren arbeiten zu wollen. Es gibt Schauspieler, die Angst vor der Größe eines Werkes haben, weil sie nicht wissen, wie sie es angehen sollen. Sie *können* es nicht. Als wäre es zu schmerzhaft für sie. Das war bei mir nicht der Fall.

Ein befreundeter Schauspieler sagte einmal zu mir: Ich bin so glücklich, mit meinem Beruf Geld zu verdienen, das kannst du dir gar nicht vorstellen.

Er sprach ehrlich, sympathisch, aber auch dumm mit mir darüber, weil es ihm nicht mehr aufs Spielen ankam. Das war keine Überraschung. Geld stand für ihn an erster Stelle. Er hatte kein Interesse an Produzenten und Regisseuren, die großartige Dinge machen wollen in einem Kontext, in dem Geld nicht an erster Stelle steht. Er konnte sich nicht für sie interessieren und er war auch für sie nicht interessant. Nur wenige Menschen begeistern sich wirklich für diese extravaganten, wunderbaren Berufe. Ich selbst wollte immer Neues entdecken. So einfach ist das. Anders kann ich es nicht ausdrücken. Der alltägliche Trott machte mir Angst und ließ mir nur einen Gedanken: entdecken, entdecken und lernen, niemals das Gleiche tun. Und zusätzlich versuchen, die Kollegen, die mit mir arbeiteten, und meinen Regisseur damit anzustecken. Ich kann mir vorstellen, dass es Schauspieler gibt, die sich nicht gerne auf das Projekt eines Marco Ferreri einlassen, um nur ein Beispiel zu nennen; ich dagegen bin froh, dass ich Künstlern wie ihm nützlich sein konnte! Wenn mich ein Film mit einem sehr geringen Budget interessierte, forderte ich als Gage nur das, was man mir eben geben konnte. Das stand außer Frage. Es gibt Filme, für die man sich entscheidet, weil man glaubt, dass sie gut werden und auch künftig Bestand haben. Allerdings vergesse ich auch nicht, gelegentlich mit sehr wenig ambitionierten Regisseuren, Produzenten und Schauspielern zusammengearbeitet zu haben. Das machte mich sehr unzufrieden mit mir selbst und ich fragte mich: »Was habe ich eigentlich mit diesem Film zu tun? Will ich Geld verdienen? Das ist doch falsch! So sollte ich doch nicht meine Entscheidungen treffen.« Aber manchmal sind falsche Entscheidungen gut, um wieder auf die richtige Spur gebracht zu werden.

Sie werden sicher verstehen, lieber Gilles, es kümmerte mich nicht, ob mir die Kritik wohlgesonnen war. Das war nicht wichtig. Wichtig war, leidenschaftlich in leidenschaftlichen Werken zu spielen. Die gab es ja. Umso besser, wenn sie auch noch gefielen. Ich traf mich gerne mit Journalisten. Das war sehr interessant. Ich sprach gerne über die Arbeit, die wir gemacht hatten, und beobachtete dann die ersten Reaktionen. Aber ich gebe zu, ich las nicht alles. Ich wählte aus. Meinen Beruf übte ich enthusiastisch und leidenschaftlich aus und hatte keine Lust, Kritiken zu lesen, die weder leidenschaftlich noch enthusiastisch waren – ich meine diese ewig gleich verfassten und ein wenig überheblichen Kritiken. Die Art von Wettbewerb, der manchmal zwischen Kritikern und Künstlern herrscht, mochte ich nie. Natürlich gab es sehr große Kritiker, aber es gab auch viele andere … Meiner Meinung nach führen sich Kritiker oft wie Schmierenkomödianten auf. Außerdem sind viele sehr vulgär, egal ob sie begeistert sind oder vor Wut schäumen. Ein Kritiker hat das Recht, etwas nicht zu mögen, aber manche sind von perfekter Niedertracht und Boshaftigkeit. Andere sind faul und eitel. Das schlimmste Übel aber in dieser Hinsicht? Die Gefälligkeiten und die Komplizenschaft zwischen bestimmten Kritikern und bestimmten Filmemachern. Wahrscheinlich übertreibe ich. Ich habe aber auch die Erfahrung gemacht, dass es zwischen Kritikern und Künstlern sehr innige Beziehungen geben kann. Das Verhältnis kann sich allerdings auch zum Schlechten wenden, wenn Künstler so sehr von sich eingenommen sind, dass sie dazu tendieren, die Kritik zu verachten. Was sehr schlimm und sehr dumm ist. Ich fürchte, auch ich habe mich ein wenig dazu verleiten lassen …

Theater, Film und Leben, das gehört zusammen: Das Leben hilft dir mit dem Spielen, und das Spielen hilft dir mit dem Leben. Tatsächlich sind es zwei Spiele, die sich aneinander reiben, sich gut kennen, einander spiegeln, beschauen und beschnuppern. Ich habe das Theater und den Film geliebt und diese Liebe ist immer noch lebendig, wenn inzwischen auch viel weniger, weil ich nicht mehr als Schauspieler tätig sein darf – stellen Sie sich das nur vor! Zumindest ist das die Auskunft der Versicherungen, die sich weigern, einen Film oder ein Theaterstück zu versichern, in dem ich mitspiele.

Wie Sie wissen, verschlechtert sich das Gedächtnis. Für einen Schauspieler ist das eine Katastrophe und ich bin ihr zum Opfer gefallen. Einen Text zu lernen, ihn aufzunehmen und auswendig zu kennen, ist die Grundlage des Berufs. Doch mit einem Ohrhörer könnte man diese Probleme beheben: Wenn Sie das Gedächtnis im Stich lässt, kann Ihnen ein Souffleur direkt aushelfen. Ich habe darüber mit Luc Bondy gesprochen, dem großen Regisseur, mit dem ich noch ein gemeinsames Projekt habe.[42] Ich erklärte ihm, dass ich das Gefühl habe, mein Gedächtnis zu verlieren, vertraute ihm meine Panik darüber an und fragte ihn, ob er damit einverstanden wäre, diese Technik einzusetzen. Wir werden sehen. Ich habe es ja noch nie versucht, anders als zum Beispiel Gérard Depardieu, aber ich stelle mir vor, dass es relativ einfach ist. Beim Schauspielen,

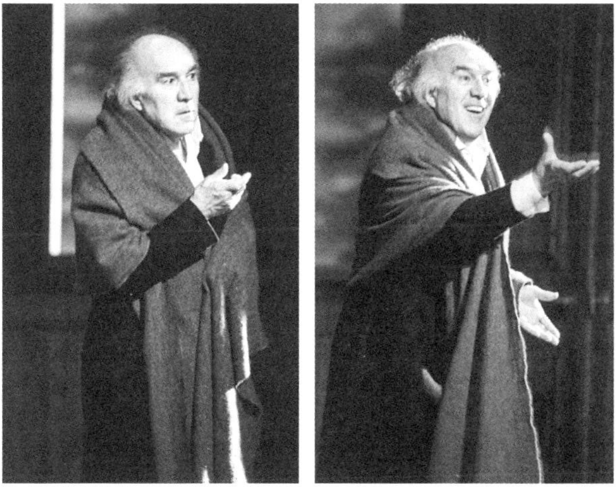

Michel Piccoli in *John Gabriel Borkman*,
Regie: Luc Bondy, 1993

im Theater oder im Film, kann man den Text sehr gut sprechen, ohne ihn perfekt zu kennen, und es trotzdem gut hinbekommen …

Ich nehme hier die Gelegenheit wahr, es einmal auszusprechen: Was für ein großartiger Schauspieler dieser Depardieu doch ist! Was für ein Genie! Was für eine Kreativität! Er hat eine großartige Begabung. Man ist überwältigt, wenn man das Vergnügen sieht, das ihn beim Spielen befällt. Und nie chargiert er. Er ist sehr manipulativ, sicher, er ist sehr gerissen, sehr verlogen, alles, was man will, aber er ist nicht überheblich. Wir haben nicht oft zusammen gespielt, nur in ein paar Filmen, als er gerade anfing, darunter *7 morts sur ordonnance* oder *Vincent, François, Paul ... et les autres*. Er hatte kein Geld, trank wie ein Verrückter. Ja, er ist verrückt. Das ist zweifellos seine Stärke. Als er noch sehr jung war, waren wir eng befreundet, aber dann haben wir uns aus den Augen verloren. Unsere Leben entwickelten sich anders. Ich bin ihm erst wieder begegnet, als ich das Stück *Love Letters* [von A. R. Gurney, Anm. d. Übers.] gesehen habe, in dem er kürzlich zusammen mit Anouk Aimée aufgetreten ist. Er war großartig. Wir umarmten uns stürmisch. Er schrieb sich meine Telefonnummer auf, aber ich weiß, er wird mich nie anrufen. Ich kenne ihn, er hat anderes zu tun.

Ich habe Ihnen meine Angst gestanden, mich nicht immer gut an meinen Text erinnern zu können. Aber ich glaube auch, dass ich in gewisser Weise erleichtert bin. Nein, nicht erleichtert. Das ist nicht das richtige Wort. Sagen wir, ich finde mich mit der Situation ab. Ich kann nicht mehr leicht und gelassen spielen, ohne mich zu fragen, ob ich es schaffen werde, all meine Sätze zu sagen. Das muss man akzeptieren. Es ist die Zeit gekommen, in der die Erinnerungen den Ton angeben …

Erinnerungen, ein heikles Thema. Welche Erinnerung würde ich gerne hinterlassen? Was sollte man über mich sagen? Darüber müsste ich ernsthaft nachdenken. Ich habe mich das bisher noch nie gefragt. Auch habe ich mir nie vorgestellt, was man über mich in den Geschichtsbüchern des französischen Theaters oder Kinos schreiben könnte: »Michel Piccoli hat seinen Beruf geliebt« oder »Er hat sein Bestes gegeben«. Das wäre nicht schlecht und ich glaube, es stimmt. Ich bin noch am Leben und doch ist es vorbei. Ich bin bereits in der Situation, dass über mich in der Vergangenheit geschrieben wird.

Ihre Frage nach meinem hypothetischen Nachruhm schüchtert mich ein. Ich finde sie, wenn ich dieses hier vermutlich unangebrachte Wort sagen darf, *zum Sterben*. Das ist, als sollte ich über mich selbst am Ende meines Lebens reden.

Manchmal fühle ich mich sehr gut und bin empört, nicht mehr spielen zu dürfen, nur weil Ärzte und Versicherungen die Entscheidung, mich zu besetzen, verkomplizieren. Manchmal ist da aber auch nur noch Müdigkeit und ich spüre den Verlust, den Mangel an Energie, die ich einmal hatte. Ich war immer bereit, ich wurde akzeptiert, und dann kam der Moment, in dem man anfing zu sagen, ich sei nicht mehr im richtigen Alter; es sei der Zeitpunkt gekommen, mich von meinem Beruf zu verabschieden. An diesem Punkt bin ich jetzt. Es handelt sich nicht um Melancholie, sondern um etwas, das stärker ist als Melancholie. Man möchte so gern, dass es nie aufhört, doch es wird aufhören. Es gibt nichts mehr zu sagen. Es ist vorbei. Was will man noch erfinden? Was soll man noch anbieten? Es ist vorbei. Es gibt nichts mehr zu tun. Ich glaube, ich habe zu voreilig davon gesprochen, dass mir der Abschied leichtgefallen sei und ich mich damit abgefunden hätte.

Ein Mensch hat sein ganzes Leben lang an derselben Maschine gearbeitet, und dann sagt man ihm: »So, jetzt ist Schluss, der Nächste bitte!« Das ist sehr schwer. Und ich weiß nicht, wie ich es beschreiben, wie ich es erklären soll. Und dann denke ich an das Leben anderer. Das meiner Kinder zum Beispiel. Wie soll ich ihnen helfen? Ich weiß es nicht, und das belastet mich sehr. Kinder können einem wirklich Sorge bereiten …

Ich war verrückt vor Lebensfreude. Verrückt vor Freude an der Arbeit. Verrückt vor Freude, nicht

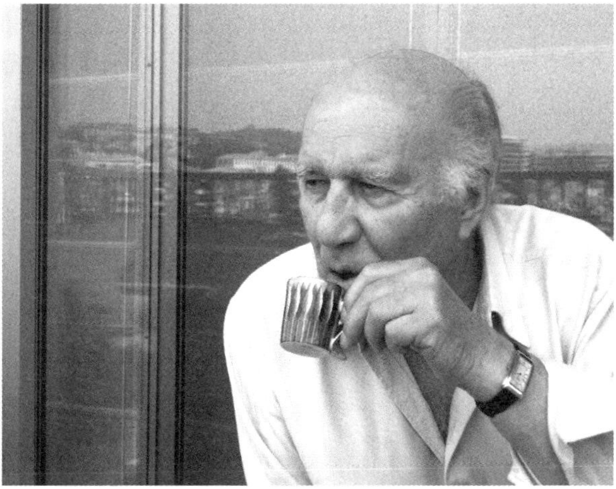

Michel Piccoli in Cannes

übersehen worden zu sein. Aber dieses Leben beginnt mir zu entgleiten. Was soll ich also tun? Und sobald ich mir sage, es ist vorbei, will es mir nicht mehr gelingen zu denken, dass es wunderbar war, dass ich Glück und Freude hatte. All das gab es zwar, existiert aber nicht mehr. Ich kann nicht mehr weitermachen. Mein natürliches Element war die Unordnung der Dinge. Aber die Dinge sind nicht mehr. Man kann sich an die Freude erinnern über all die Dinge, die man gemacht hat, und dann kommt einem all jenes in den Sinn, das man sich vorstellen könnte noch zu machen, mit Freunden, mit Frauen, bei der Arbeit. Aber ich bin wie ein Füller, dem die Tinte ausgegangen ist, und ich beginne zu schimpfen wie ein Verrückter: »Wo ist meine Tinte?« Ich sehe, sie verbleicht. Ich kann nicht im leeren Raum existieren. Bei Dreharbeiten wartet man stundenlang. Doch in solchen Momenten kannte ich keine Leere oder Langeweile. Ich arbeitete weiter an den Szenen der anderen oder an meinen eigenen noch ausstehenden Szenen. Ich hatte nie das Gefühl zu warten – war immer wach, voller Fragen und Erwartungen.

Eines Tages, als ich, so wie jetzt, klagte und mich fragte, warum ich nie Schauspielunterricht gegeben habe, schlugen Sie mir vor, damit anzufangen. Ich hatte manchmal daran gedacht und mir gesagt, wie falsch es war, mich dieser Arbeit nicht gewidmet zu haben. Heute habe ich das Gefühl, es ist zu spät. Ich glaube, dass ich langsam keine Energie mehr habe. Auch wenn es mir gefallen und Spaß machen würde, einfach nur Texte vor jungen Schauspielern zu lesen. An demselben Tag, als Sie mir sagten, nichts sei jemals aus und vorbei und ich könne doch auch ein Drehbuch schreiben, wofür ein Blatt Papier ausreiche, antwortete ich Ihnen, dass Sie prinzipiell völlig Recht hätten. Aber ich selber komme mir inzwischen so vor, als wäre ich im Begriff… *zu verschwinden*. Ich weiß nicht mehr, wie ich nützlich oder leidenschaftlich sein kann. Einige der Filme, in denen ich mitgespielt habe, werden bleiben, ich aber bleibe nicht. Lieber wäre es mir, nicht zu sterben!

VI.

Schreiben

Liebe Leser, liebe Komplizen,
als ich gemeinsam mit Michel Piccoli dieses Buch konzipierte, wollte ich vor allem diesen außergewöhnlichen Menschen besser kennenlernen und ihn auch anderen besser bekannt machen. Ich wollte das Kind, das nur mit einem Auge schläft, zum Leben erwecken. Ich wollte den aufstrebenden Schauspieler entdecken, der die Sessel des kleinen Theaters reparierte, in dem sich nach der Befreiung 1944 eine Truppe zusammenfand und sich der Welt offenbarte. Ich wünschte mir, dass Michel frei von der Seele und ohne uns etwas vorzuenthalten, seine Vorstellungen vom Beruf des Schauspielers darlegen würde.

Dieser Rückblick auf einen so reichen, vielfältigen und monumentalen Lebensweg wäre nicht vollständig ohne einige ältere Beispiele unserer Korrespondenz der vergangenen dreißig oder vierzig Jahre. Nachfolgend finden Sie einige Kostproben.

Beim Wiederlesen muss ich selbst lachen und bin erstaunt über meine Kühnheit. Den heutigen Respekt hatte ich zwar damals schon, aber wie anfangs bereits erwähnt, konnten wir nicht anders, als uns gegenseitig aufzuziehen. Irgendwie waren wir wie zwei große Jungen, deren Körper zwar das Alter nicht verleugnet, deren Geist aber bis zum Schluss kindlich bleibt.

Spöttisch, albern, spielerisch beleidigend oder beleidigt – es wäre schade gewesen, wenn wir dieses Buch nicht um das Pfeffer und Salz unserer privaten Korrespondenz ergänzt hätten, ohne die dieses einzigartige (Selbst-)Porträt weder ganz vollständig wäre noch ganz *normal*. Ich höre schon seinen Aufschrei: »Normal, was für ein Horror!« Tatsächlich, wie auch normal sein an der Seite von Monsieur Piccoli?

Diese Korrespondenz zeigt neben unserer Vertrautheit eine wenig bekannte Seite des Briefeschreibers Michel: einen zärtlich-ätzenden Humor, bei dem die Sticheleien Gefühle der Zuneigung ausdrücken, die sonst aus Taktgefühl unausgesprochen blieben. Seine Filmfiguren dagegen sind weniger freundlich: bizarr, ungewöhnlich, wild und, ja, auch obszön. Zärtlich sind sie selten. Im Kino tötet er mit Worten – und mit Waffen, Schwefelsäure oder zahlreichen anderen mehr oder minder stumpfen Gegenständen. Hier, in seinen Briefen, gibt er sich große Mühe, liebevoll zu sein, ohne dabei mit sanften Beschimpfungen und aus der Luft gegriffenen Vorwürfen zu sparen, wie Sie bemerkt haben!

Was die Frechheit angeht, so gebe ich zu, ihm in nichts nachgestanden zu haben, aber wie redet man sich in der Schule immer heraus: »Herr Lehrer, er hat doch angefangen …!«

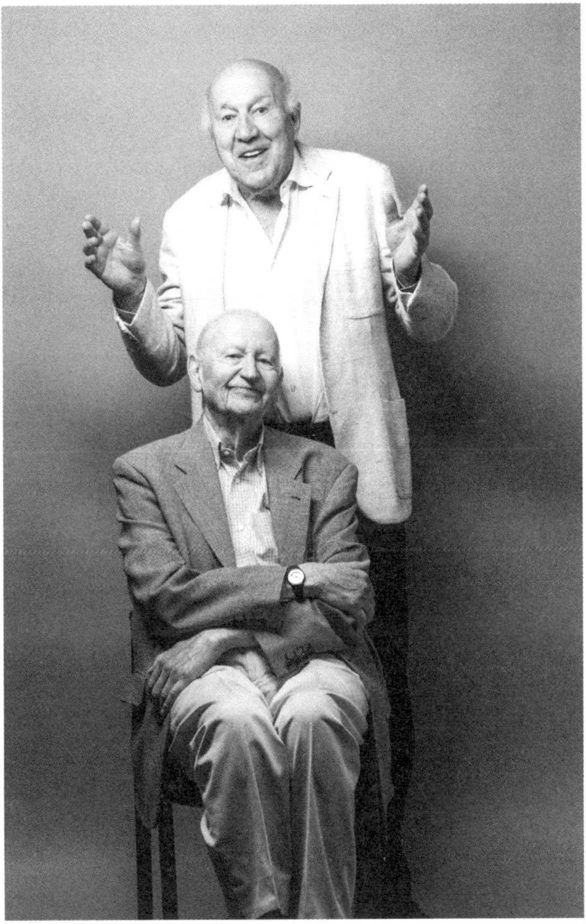

Michel Piccoli und Gilles Jacob, 2015

5 Juillet 93

Cher Gilles,

(1) Etes-vous sûr d'être en tort.
J'aime semer le doute.
(Je parle de Jeannette bien sûr.)

(2) S'agissant de votre tort je songeais
à une "maison" bourgeoise.
Ce sont quelquefois les pires.

(3) Donc : second duel à venir.

(4) Notre premier je le souhaite médiatisé.
Mes témoins seront donc : A.S /
C+ / P.P.D / A.V / B.B / J.A et
D.T du P.

(5) Ce ne sera qu'autour de la table que
je révèlerai mon premier coup.

votre
Michel Piccoli

P.S vous me devez 2F50.

mon cher ami piccoli comment allez-vous ? moi je suis bien mais à la réflexion j'ai trouvé pas très gentil la réflexion que vous avez faite l'autre jour sur ma moitié qui se trouve être mon tout. Est-ce que vous n'avez pas été dire, en public, chez Josée Bénabent, que ma femme était en hôtel ou en maison? Mais alors de quelle maisosn voulez-vous parler? Assez avec toutes ces grivoiseries et ces privautés, non? L'ennui est que je ne l' avais pas dit à Jeannette et qu'elle vient de le découvrir en lisant par dessus mon épaule comme elle fait toujours et maintenant qu'elle a été officiellement insultée je dois vous provoquer en duel. Naturellement comme je suis l'offensé je choisis l'arme et les témoins. Et l'heure. L'heure c'est tout de suite. comme témoins je choisis Crombecque (Alain) et Toubiana (Serge) et comme arme les dominos. Je tire à moi mes dominos, je les fais doucement claquer sur la table, ils luisent dans la pénombre de mon bureau, et je commence: double-six. A vous.

Vous comprendrez que dans les circonstances présentes je n'adresse mes salutations qu'à votre épouse qui elle est charmante avec nous.

9 Juillet 2000

Cher Gilles,

Discret.

Nous aimons l'être.

Je pourrais être indiscret.

Je le regretterais

En ce qui vous concerne, juste un entrefilet.

Trois mots : à l'amitié.

Embrassades à Jeanette.

Michel P.

Cher Monsieur Michel, chère madame Ludivine,

Que Le Roi Lear (de Franz Lehar ?) donne des idées lubriques, je n'y verrai pour ma part aucun inconvénient ; malheureusement l'affaire qui nous occupe ci-dessous (c'est bien le mot) ne date pas d'hier (d'Hyères ?) . Elle est ancienne si j'en juge par l'identité de la principale protagoniste facilement reconnaissable au demeurant (demeurant Beverly Hills, en fait). C'est la raison pour laquelle a été saisi le procureur de la République sur commission rogatoire, autrement dit le Parquet (pas Larquey, parquet). Quelle suite (une suite au Majestic, sûrement) sera donnée à cette entorse à la bienséance, je n'en ai aucune idée, mais le délit est là, constaté, patent, et comme le dit Jouvet dans Drôle de drame : *à force de dire des choses horribles, les choses horribles finissent par arriver.* Le problème : arriver où ? Sans crier gare : gare de Cannes, gare Saint Charles, gare Saint Lazare, et nous voilà à la résurrection : Lazare, lève-toi et marche. Mais résurrection n'est pas absolution. Je remets donc le coupable entre les mains de Madame le Juge Ludivine, et que la justice passe.

M. Gilles

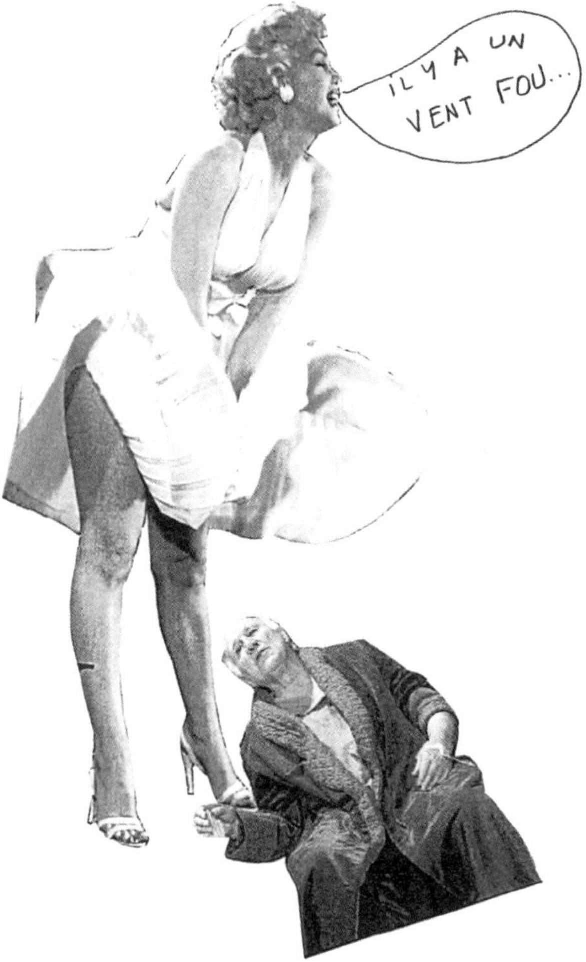

19 Février 2006
Postée simplement
en déambulant
dans le quartier des Lions.

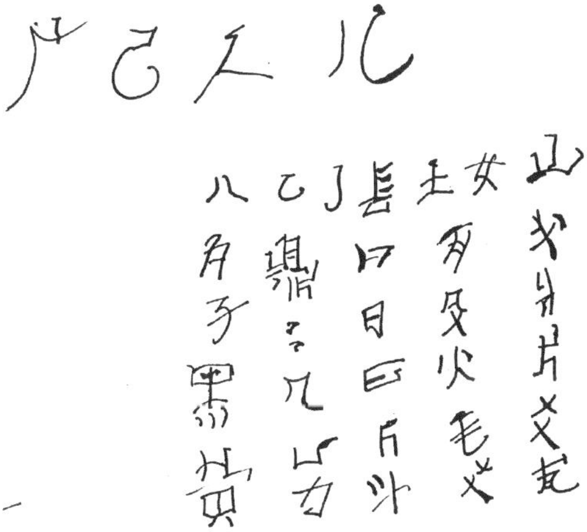

Je ne
vois
d'aussi
claire
ceinture
pour
vous
entourer –

Après 7 ans de réflexions
et droite notre admiration
et devant votre forme burlesque et
avec toute la gravité et l'enchantement
aussi enchanteur, que ce mot renferme.
A vous deux

Michel [illegible]

se crê mim impressioner com o
vosso pequeno texto nulo
pseudo chinês
vocês põe-vos o dedo no olho
e até ao cotovelo
cumprimento-os mesmo assim

si vous croyez m'impressionner avec votre texte nul pseudo-chinois
vous vous mettez le doigt dans l'oeil jusqu'au coude ...

здесь, мой малый кролик,
вы имеете только вы
заслуживаете

値する何にここに、私の小
voilà, mon petit lapin, vous n'avez que ce que
さいウサギ、持っているた
vous méritez
だ

ces traductions ne vous concernent
pas ma chère bedivine mais seulement l'homme de
votre vie que vous aimez tendrement tout comme
vous

Gil

12 Avril 06

Cher Gilles,

Nous avons reçu une invitation pour le prochain Festival.
Nous vous en remercions très vivement.
Cependant il n'y a aucune précision concernant le cachet et le nombre de M^2 de la tente.
Nous attendons des précisions de votre part.

Très respectueusement à vous.

L. et M. Piccoli

Vers fin nov —
début de siècle

Cher Michel,

Nous allons très bien quoique nous nous plaignions de ne pas vous voir plus souvent.

Et vous, comment allez-vous tous deux ?

Je vous ai mis au dos une de mes photos qui invite au voyage, ne serait-ce que pour venir nous visiter.

Mes 33 films vont bien : nous nous dirigeons lentement vers 15000 entrées France, les ventes internationales vont rapporter pas mal de Kopeks à répartir entre les metteurs.

Votre nouveau scénario a-t-il reçu le point final ?

Est-il tendrement tragique et dramatiquement amusant ?

Avez-vous pensé au point-virgule pour le titre ?

Je vous propose : "Aimez-moi les uns les autres;"

Je crois que c'est un titre susceptible d'amener 100 spectateurs supplémentaires.

Ah ! encore un mot : vous avez omis de signer votre missive ce qui peut-être interprété :

a) comme une volonté de brouiller les pistes

b) comme une volonté de nuire

c) comme une volonté de ne pas passer pour ce que vous êtes

d) ——————— vous n'êtes pas

e) comme ——————— de ne pas passer [...]

f) comme une distraction

... j'hésite encore si je dois signer la mienne et, finalement j'opte pour une identité d'emprunt difficile à identifier :

Michel Pique-au-lit

A Madame : respect, hommage et affection
A vous affection et respect
(pas d'hommage sans fromage)

15-1-08

Cher Monsieur Jacob,
Gilles.

C'est pour moi toujours un grand honneur de recevoir vos pensées, vos humeurs, vos drôleries (pas toujours drôles) vos farces (parfois douteuses). Mais personne n'est parfait. Pas même vous dont le travail, les inventions et les discours sont souvent très prisés. Recherchés.

Pour votre gouverne (je n'apprécie guère cette expression) au cas où vous souhaiteriez me convoquer soit à dîner soit pour tout autre projet sachez que je pars rejoindre Angelopoulos. Tournage.

Avez-vous changé de Yacht ?
Fidèlement. Mizrahi.

5/2/2008

Cher Monsieur, cher Monsieur Piccoli,

J'ai l'impression que je vous suis redevable d'un écrit, d'un fragment de ma pensée socratique qui ne tombera pas dans l'oreille d'un sourd. Premièrement, vous me dites que mes "drôleries ne sont pas toujours drôles" : comme si je ne le savais pas ! Mais, venant d'une bonne personne comme vous, ces propos ne sont pas très gentils, ni tellement charitables.

J'arrête là car je viens d'apprendre par une coïncidence extraordinaire que vous venez d'écrire un scénario sensationnel, un "objet littéraire" et cela me procure un immense plaisir car moi je suis humain, moi je suis franc du collier, moi je suis bienveillant – pas comme ces professionnels de la profession avec lesquels vous faites commerce. Donc vous allez faire un beau film, encore un beau film, et je m'en réjouis. Comme quoi on peut être talentueux et féroce humainement. Pas drôle, moi ! C'est la meilleure celle-là. Est-ce que je ne fais pas de belles photos ? Si ? Alors... À-lors ! Et cette histoire d'aller vous réfugier chez Théo pour y faire quoi je vous le demande ? Photographe de plateau, stagiaire régie, machino ? Ça doit être machino car vous êtes bâti colosse.

Dites à Théo de vous rémunérer les heures sup' en heures normales et les heures normales en prime de risque. Quant aux tickets-restaurant, je les apporterai pour répondre à votre aimable invitation... C'est pour quand. Affections à la grande Madame. Pour vous, civilités. GJ

7 février 08

Cher Gilles,

Je suis abasourdi. J'ai reçu votre lettre. Je l'ai lue. Dire de vous que vous n'avez pas d'humour !
Etais-je ivre sur une autre planète ?
Aurais-je été payé ?
Pour être si mal élevé ?
Si peu sensible, serais-je ?
A ?
Tout ?
Ce ?
que ?
vous ?
avez ?
fait ?
Pour moi ?
Pour nous tous ?

Je vous prie de bien vouloir pardonner.
Je vous récompenserai.
Juré !
Pardon, juré !
Michel P.

14 Avril 09

Cher Gilles,

Lâcheur, c'est moi.
Faux bond, c'est moi.
Coupable.
Excusable néanmoins.
Excuse : le travail, l'art,
la passion, l'honnêteté
vis à vis d'un contrat signé.

Que ce Festival sans moi
soit malgré tout cela une
réussite.
Votre réussite.

Fidèlement.
Tendrement.

Michel P.

Übertragungen der Brief-Faksimiles

[# 1]
5. Juli 93

Lieber Gilles!

1. Sind Sie sich sicher, dass umgekehrt auch Sie ihr Ein und Alles sind. Ich liebe es, Zweifel zu säen. (Ich spreche natürlich von Jeannette.)
2. Was Ihr Ein und Alles betrifft, dachte ich an ein bürgerliches »Haus«. Das sind manchmal die schlimmsten.
3. Also: auf ein weiteres Duell.
4. Unser erstes wünsche ich mir medienwirksam. Meine Zeugen werden sein: A. S. / C+ / P. P. D. / A. V. / B. B. / J. A. und D. T. du P.
5. Erst am Tisch werde ich meinen ersten Zug offenbaren.

Ihr
Michel Piccoli

P. S. Sie schulden mir übrigens noch 2 Franc 50.

[# 2]
mein lieber freund piccoli, wie geht es ihnen? mir geht es gut, aber wenn ich es mir recht überlege, finde ich gar nicht nett, was sie neulich über meine bessere hälfte äußerten, die zufällig mein ein und alles ist. Haben Sie nicht, und das öffentlich, bei Josée Bénabent gesagt, dass meine Frau ein Hotel oder ein Haus aufgesucht hat? Dann frage ich mich doch, welche Art von Haus Sie eigentlich meinen? Schluss mit all diesen Zoten und Dreistigkeiten! Das Problem ist nämlich, dass ich Jeannette nichts davon erzählt habe, sie es aber herausfand, als sie hinter mir stand und las, was ich gerade schrieb, so wie sie es immer tut, und nun, da sie also offiziell beleidigt wurde, muss ich Sie zum Duell auffordern. Da ich der Beleidigte bin, wähle ich natürlich Waffen und Zeugen. Und auch den Zeitpunkt. Der Zeitpunkt ist übrigens jetzt. Als Zeugen wähle ich Crombecque (Alain) und Toubiana (Serge) und als Waffen Dominosteine. Ich packe meine Dominosteine aus, klackere sie locker auf den

Tisch, sie leuchten im Halbdunkel meines Büros, und lege eine doppelte Sechs vor. Jetzt sind Sie dran.

Sie werden verstehen, dass meine Grüße unter den gegebenen Umständen nur Ihrer Ehefrau gelten, deren Charme wir sehr schätzen.

[# 3]
9. Juli 2000

Lieber Gilles,

Diskret.
Wir sind es gern.
Ich könnte indiskret sein.
Ich würde es bedauern
Was Sie betrifft, nur ein Zwischenruf.
Drei Worte: Auf die Freundschaft.
Umarmungen an Jeanette.
Michel P.

[# 4]
Sehr geehrter Monsieur Michel, sehr geehrte Madame Ludivine,

dass einem der König Lear (von Franz Léhar?) lüsterne Ideen hervorruft, dagegen würde ich nichts haben; leider beschäftigt uns die Angelegenheit, um die es weiter unten (ja, das ist schon das richtige Wort) geht, nicht erst seit gestern (seit Hyères?). Der Hauptdarstellerin nach zu urteilen, die, wie leicht zu erkennen ist, aus Beverly Hills stammt, ist es eine alte Geschichte. Aus diesem Grund stellte der Oberstaatsanwalt ein Rechtshilfeersuchen bei der Staatsanwaltschaft (nein, nicht bei Larquey, sondern bei der Staatsanwaltschaft). Ich habe keine Ahnung, wie man diesen Verstoß gegen die Schicklichkeit weiterverfolgen wird, aber der Verstoß liegt vor, er wurde aufgenommen und ist aktenkundig und wie es Jouvet in Drôle de drame ausdrückt: *Sagt man nur oft genug schreckliche Dinge, so treffen diese schrecklichen Dinge irgendwann ein.* Das Problem ist nur: Wo treffen sie ein? Ganz unvermittelt sind sie nämlich da: am Bahnhof von Cannes, dem des Heiligen Karl

oder dem des Heiligen Lazarus. Und schon sind wir bei der Auferstehung: Lazarus, steh auf und geh. Aber Auferstehung ist keine Absolution. Ich übergebe den Schuldigen also in die Hände der Richterin Ludivine, und möge die Gerechtigkeit siegen.
M. Gilles

[#5]
19. Februar 2006

Eingeworfen bei einem Spaziergang durch das Löwenviertel

[Asiatischer Text. Erfundene Schriftzeichen]

Ich sehe keinen
Ring
der
klar genug
wäre
dich
zu umschließen

Nach sieben Jahren des Nachdenkens
und unserer tiefen Bewunderung
für Ihr burleskes und auch bezauberndes Gedicht
entbieten wir unseren Ernst und unser Entzücken.
Auf Euch beide
Michel   Ludivine

[#6]
[Portugiesischer Fantasietext]

Wenn Sie glauben, dass Sie mich mit Ihrem sinnlosen pseudochinesischen Text beeindrucken können, dann haben Sie sich sowas von in die Nesseln gesetzt.

[Text in kyrillischer Schrift – entspricht dem Text in pseudochinesisch]
[Text in pseudochinesisch – gefolgt von französischer Übersetzung]

Nehmen Sie das, kleiner Hase, da haben Sie, was Sie verdienen.

Diese Übersetzungen richten sich nicht an Sie, meine liebe Ludivine, nur an den Mann Ihres Lebens, den wir genauso zärtlich lieben wie Sie.
Gil

[#7]
12. April 06

Lieber Gilles,
wir haben eine Einladung erhalten
für das nächste Festival.
Wir danken Ihnen sehr herzlich dafür.
Jedoch ist weder die Gage erwähnt noch die Quadratmeterzahl der Suite.
Wir erwarten weitere Aufklärung.
Seien Sie freundlich gegrüßt
L. und M. Piccoli

[#8]
Gegen Ende Nov.
Anfang des Jahrhunderts

Lieber Michel,
es geht uns sehr gut, obwohl wir uns beschweren, dass wir Sie nicht öfter sehen.
Und Sie, wie geht es Ihnen beiden?
Ich habe Ihnen auf der Rückseite ein Foto von mir beigelegt, das Sie zum Reisen anregen soll, und sei es nur, um uns zu besuchen.
Meine 33 Filme machen sich gut: Wir bewegen uns langsam auf 15.000 Besucher in Frankreich zu, und die Auslandslizenzen werden viele Kopeken einbringen, die unter den Regisseuren aufgeteilt werden.
Hat Ihr neues Drehbuch bereits den letzten Schliff erhalten? Ist es zärtlich tragisch und dramatisch lustig?

Haben Sie an das Semikolon im Titel gedacht? Ich schlage vor: „Liebt einander;". Ich glaube, das ist ein Titel, der 100 zusätzliche Zuschauer einbringt.
Ah! Und noch etwas: Sie haben es versäumt, Ihren Brief zu unterzeichnen, was man unterschiedlich interpretieren kann:
a) als Absicht, Ihre Spuren zu verwischen
b) als Absicht, Schaden anzurichten
c) als Absicht, nicht als das zu erscheinen, was Sie sind
d) ———— was Sie nicht sind
e) als ———— überhaupt
f) als eine Ablenkung

... Ich zögere noch, ob ich den meinigen unterzeichnen soll, und entscheide mich schlussendlich für eine geliehene Identität, die schwer zu enträtseln sein wird
An Madame: Respekt, Hommage und Zuneigung
An Sie: Zuneigung und Respekt
(keine Hommage ohne Perücke)
Michel Pique-au-lit

[#9]
15.1.08
Sehr geehrter Monsieur Jacob,
Gilles.
Es ist für mich immer eine große Ehre, an Ihren Gedanken, Ihren Launen, Ihrem Humor (nicht immer lustig) und Ihren Possen (manchmal zweifelhaft) teilzuhaben. Aber niemand ist perfekt. Nicht einmal Sie, dessen Arbeit, dessen Einfallsreichtum und Ausdrucksstärke so beliebt sind. Sogar begehrt.
Zu Ihrer Information (ich mag diesen Ausdruck nicht), falls Sie mich zum Abendessen oder einer anderen Unternehmung einladen möchten, muss ich Ihnen sagen, dass ich zu Angelopoulos aufbreche. Dreharbeiten.
Haben Sie Ihre Yachten gewechselt?
Treu
Michel P.

[# 10]
5/2/2008

Sehr geehrter Herr, sehr geehrter Herr Piccoli,
ich habe den Eindruck, dass ich Ihnen ein Schreiben schulde, ein Fragment meines sokratischen Denkens, das nicht auf taube Ohren stoßen wird. Erstens sagen Sie mir, dass mein »Humor nicht immer lustig ist«: als ob ich das nicht wüsste! Aber dass ein guter Mensch wie Sie das ausspricht, ist nicht sehr nett und zeugt auch nicht von Barmherzigkeit.
Ich höre hier auf, weil ich gerade durch einen erstaunlichen Zufall erfahren habe, dass Sie ein sensationelles Drehbuch verfasst haben, ein »Stück Literatur«, und das bereitet mir große Freude, denn ich bin menschlich, ich bin ehrlich, ich bin wohlwollend – nicht wie diese Profis, mit denen Sie Geschäfte machen. Sie werden also einen schönen Film machen, einen weiteren schönen Film, und ich freue mich darauf. Wie kann man nur so talentiert und zugleich so menschlich grausam sein? Nicht lustig, ich! Ich fasse es nicht! Mache ich etwa keine schönen Fotos? Doch? Also dann ... Bis dann!
Und dieser Firlefanz, dass Sie bei Theo Zuflucht suchen.
Was wollen Sie da eigentlich machen? Das frage ich Sie! Standfotograf, Regiepraktikant, Bühnenarbeiter. Es wird wohl Bühnenarbeiter sein, denn Sie sind ja ein Koloss.
Sagen Sie doch Theo, er soll Ihnen die Überstunden zum normalen Tagessatz auszahlen und den Tagessatz in eine Beteiligung umwandeln.
Was die Essensmarken angeht, so würde ich sie mitbringen, um auf Ihre freundliche Einladung zu reagieren ... Wann soll es eigentlich sein?
Liebe Grüße an die große Madame.
Für Sie, civitatis.
GJ

[# 11]
7. Februar 08

Lieber Gilles!
Ich bin sprachlos. Ich habe Ihren Brief erhalten. Ich habe ihn gelesen. Ihnen zu sagen, dass Sie keinen Humor haben!
War ich betrunken auf einem anderen Planeten?

Wurde ich bezahlt?
Dafür, mich so schlecht zu benehmen?
Kann ich wirklich so unsensibel sein?

Nach?
Allem?
was?
Sie?
für?
mich?
getan?
haben?
Für mich?
Für uns alle?

Ich bitte aufrichtig um Vergebung.
Ich werde es wiedergutmachen.
Jury.
Pardon, Geschworener.
Michel P.

[# 12]
14. April 09

Lieber Gilles,
Drückeberger. Das bin ich.
Sitzenlasser. Das bin ich.
Schuldig.
Immerhin entschuldbar.
Entschuldigung: die Arbeit, die Kunst,
die Leidenschaft, die Korrektheit
gegenüber einem unterschriebenen Vertrag.
Auf dass dieses Festival ohne uns
trotz allem ein Erfolg wird,
Ihr Erfolg.
In Treue.
Zärtlich.
Michel P.

Nachwort von Ralph Eue

> Er wirft das Netz Erinnerung aus, wirft es über sich und zieht sich selbst, Erbeuter und Beute in einem, über die Zeitschwelle, die Ortschwelle, um zu sehen, wer er war und wer er geworden ist.
>
> Ingeborg Bachmann, *Das dreißigste Jahr*

Die leise daherkommende Korrespondenz zwischen Gilles Jacob und Michel Piccoli ist ein Buch der Muße, auch der Gelassenheit. Ein unbekümmertes autofiktionales Spiel. Der rote Faden wird zwar entlang realer Ereignisse gesponnen, die beiden Briefpartner agieren dabei aber als »Erbeuter und Beute in einem«, vielleicht wie Sancho Panza und Don Quijote.

Eigentlich ist es Sancho, der uns mit seinem gesunden Menschenverstand nahesteht, doch wenn Bewunderung im Spiel ist, dann schlägt diese sich unwiderruflich auf die Seite des fantastischen Ritters. Es ist Gilles Jacob hoch anzurechnen, dass er dieses vertrauliche Gipfeltreffen erst angezettelt und eingerichtet, sich dann aber umstandslos auf die Rolle des treuen Schildknappen zurückgezogen hat, um dem langjährigen Freund und »glücklichen Narren« – so

Piccoli über Piccoli – die Bühne zu überlassen, der sie auch fröhlich und frech in Besitz genommen hat.

Ich habe in meinen Träumen gelebt macht den Anschein, als wäre Michel Piccoli immer sicheren Schrittes einer inneren Stimme gefolgt, die ihn aufgesetzter Ernsthaftigkeit aus dem Weg gehen ließ. Mehrfach schreibt er, wie sehr er in seinen Rollen fürchtete, prätentiös zu erscheinen: »Ich fürchte mich davor, prätentiös zu *sein*. Ich fürchte meine eigene Eitelkeit. Die Menschen mit meiner Arbeit zu verblüffen, und zwar *unprätentiös*, also einfach, ist wahrscheinlich mein Ideal. In meinen Augen sind eigentlich alle Menschen, die eine zu hohe Vorstellung von sich selbst und ihrem Beruf haben, unrühmlich und unerträglich, aber Künstler gehören in dieser Hinsicht zu den schlimmsten. Die Eitelkeit, die sie manchmal an den Tag legen können, ist grotesk. Das Gegenteil davon: Mastroianni. So sein, wie er war. (…) Ich habe ihn oft sagen hören: ›Schauspieler sein? Warum sich aufplustern, einfach machen und dann: *voilà*…‹«

Luc Bondy erzählte einmal, wie Michel Piccoli bei den Proben für Schnitzlers *Das weite Land* einen Gehrock ausziehen sollte: »Ich hatte Piccoli bei der Probe gesagt: ›Dieser Streit ist wie ein Duell, wie ein Kampf, wie ein Boxkampf.‹ Darauf hat er reagiert, wie nur ganz wenige Schauspieler reagieren würden: Er hat versucht, seine Jacke, seinen Mantel so schnell auszuziehen wie nur möglich. Mit einer Hand, wohlgemerkt – und ich habe immer gesagt: ›noch schneller‹. So einen Gehrock aufzuknöpfen und hinzuknallen, das ist natürlich eine Sache, wo ein Schauspieler, der so gut ist wie Piccoli, seinen Ehrgeiz dransetzt zu sagen: so, ich habe drei oder vier Knöpfe aufzumachen und muß die Jacke auf die Bank knallen. 105 andere Schauspieler würden bei jedem Knopf einen neuen Ausdruck ihrer Seelenlage spielen, also dabei eine ganze Geschichte erzählen. Bei Piccoli war das Großartige: er hat das Ding ratsch aufgemacht, als handle es sich um Druckknöpfe – in einer fast matadorhaften Bewegung. Ich meine, das ist ein Charakteristikum. Man muss nicht immer so viele Erklärungen machen über die Leute. Für mich zeichnet sich ein großer Schauspieler dadurch aus, wie er mit seinen Requisiten umgeht, mit einem Glas, mit einer Zigarre, mit einer Streichholzschachtel (…)«

Vielleicht ist es wirklich so einfach! Vielleicht wird Piccoli geliebt für die spielerische Souveränität im Umgang mit Requisiten, Masken oder seiner Kostümierung.

Oft ist es so, dass man von ihm, wenn er zum ersten Mal auftaucht in einem Film, nicht die ganze Person sieht. Untrüglich aber weiß man, dass einer dieser Männer, die da in einer anonymen Menge herumstehen, wahrscheinlich der mit dem Hut, dessen Profil die Kamera wie zufällig gestreift hat, womöglich sogar nur schräg von hinten, Piccoli sein muss.

Ja, Piccoli und seine Hüte …

Man denke nur an die vielen Kopfbedeckungen, die er in den unterschiedlichsten Rollen trug und die umso mehr passten, je unpassender sie in einer gegebenen Szenerie erschienen. Zum Beispiel gleich zu Beginn seiner internationalen Filmkarriere*, 1963 in Godards *Le Mépris*, wo er (alias Paul), Dean Martin imitierend, mit schmalkrempigem Hut und Zigarre in der Badewanne sitzt und Brigitte Bardot, die das weder imposant noch lustig findet, ihm gerade erklärt, dass sie ihn nicht mehr liebt. Paul steigt dann aus der Badewanne, legt sich das weiße Badetuch wie eine römische Toga elegant

* Zu diesem Zeitpunkt wies seine Filmografie bereits 28 größere und kleinere Rollen in nationalen Produktionen auf, die jedoch keine internationale »Ausstrahlung« hatten.

um den Körper und fragt sich, mehr oder weniger abwesend, ob er das *Odyssee*-Drehbuch, für das er in Cinecittà gerade angeheuert wurde, so umarbeiten will, wie es der amerikanische Produzent gern hätte: mehr Nacktheit, weniger Mythos.

Piccoli hat etwas, so beschrieb es Michael Althen in einer Würdigung zu seinem 70. Geburtstag, was ihn untrüglich als Star auszeichnet: »daß man ihn für attraktiver hält, als er eigentlich ist. Für mindestens eine Generation steht er durch die Filme von Chabrol und Sautet für eine Lebensart, die keiner besser umschrieben hat als sein Freund Luis Buñuel: für den diskreten Charme der Bourgeoisie. Und gerade deshalb hat er früh genug alles dafür getan, um diesen Ruf zu ruinieren. Piccoli ist so indiskret gewesen, sein Image mindestens ins Dekadente, meistens ins Perverse zu erweitern. Drei Titel mögen genügen: *Trio Infernal, Das große Fressen, Themroc.*«

Michel Piccoli ist ein Vollblutschauspieler und zugleich das Gegenteil dieses Klischees. Als Schauspieler lasse er sich nie in eine Rolle involvieren, erklärte er mehrfach im Verlauf seiner Karriere. Eher trage er wie ein Marionettenspieler die Figur neben sich her, sei ihr streunender Kamerad. Und weiter, etwa in einem Interview mit Rudolf Blum und Rolf Mühlemann, dass gewiss manche Dinge von ihm in seine Figuren einfließen, dass er aber um herauszufinden, was das eigentlich sei, eine doppelte Psychoanalyse machen müsse: »eine von der Figur und eine von mir. Aber ich will die Antworten gar nicht wissen. Bin ich teuflisch im Leben, bin ich zärtlich? Ich weiß es nicht.«

Man ist versucht zu sagen, dass er es in der großen Menge unterschiedlicher Filme, in denen er aufgetreten ist, immer wieder darauf anlegte, den Charakter seiner Figuren gegen den Strich zu bürsten. Man muss sich nur anschauen, wie er als Trainer der Croupiers in Louis Malles *Atlantic City* eine Kollegin (Susan Sarandon), die er eigentlich liebt, anfährt, weil sie sich von einem umgestoßenen Glas von ihrer Arbeit hat ablenken lassen; wie er in *La part du feu* von Étienne Périer bei sich zuhause ankommt und seine Frau mit einem Geliebten ertappt, aber nicht Zeter und Mordio schreit, sondern sich in einem Sessel niederlässt und raucht, als hoffte er, dass es unter zivilisierten Menschen andere Lösungen geben sollte als den Eklat; oder wie er als Titelfigur in *Milou en mai*, erneut unter der Regie von Louis Malle, einen schon leicht ergrauten Naturburschen gibt, der einfach nicht erwachsen werden will und der lieber mit den Fingern Flusskrebse angelt, als dem Ernst des Lebens ins Auge zu blicken.

2005 wurde er von den Cahiers du Cinéma eingeladen, für eine Ausgabe den Chefredakteur der Zeitschrift zu geben. Im Aufmachertext bekennt er, dass er gern spielen würde, wie Edvard Munch gemalt habe: »Wenn man seine Bilder aus der Entfernung betrachtet, kann man die Gegenstände klar erkennen, einen Baum oder jemanden, der schreit. Wenn man näher tritt, findet man Unordnung und Durcheinander. Tritt man zurück, verschwindet das Chaos wieder, aber die Erregung bleibt. Das beeindruckt mich sehr. Wie schaffen es Maler, ihre Bilder aus der Nähe heraus zu erfinden? Für mich ist das wie ein Wunder.«

In seinen Rollen hat sich Michel Piccoli wenig um die Annäherung an die sogenannte Wahrscheinlichkeit geschert. Vielmehr ging es ihm darum, die Wahrheit seiner Charaktere zu (er-)finden. Ebenso entließ er diese unbekümmert aus der Beweisnot, für welche soziologischen oder psychologischen Thesen auch immer geradezustehen. Und die Vorstellung, bei einem Film nur dabei zu sein, um Drehbuchsätze zu illustrieren, war ihm ein Gräuel. Deshalb hat er auch, wo immer es ging, einen großen Bogen um die Gediegenheit des mittleren Qualitätskinos gemacht. In seiner Filmografie stehen die Namen blutiger Anfänger gleichberechtigt neben denen von gestandenen Meistern wie Manoel de Oliveira, Raúl Ruiz oder Otar Iosseliani. In dessen *Jardins en automne* spielt er eine »unwürdige Greisin« von epikuräischer Weisheit und erklärt in einem Interview, dass er Michail Bachtins Thesen zum grotesken Realismus anhinge: »Während der klassische Realismus die Wirklichkeit darstellt, wie sie den Normen einer kulturellen Ordnung nach sein sollte, so zeigt der groteske Realismus die Wirklichkeit, wie sie *trotz* dieser Ordnung existiert.«

So war es auch kein Zufall, dass Agnès Varda in *Les cent et une nuits*, ihrer burlesken Hommage zum hundertsten Geburtstag des Kinos, Michel Piccoli als reichen Jubilar namens Monsieur Cinéma ins Zentrum ihrer filmischen Jubiläumsparty rückte. Unzählige Kolleg*innen – von Catherine Deneuve, Hanna Schygulla und Gina Lollobrigida zu Marcello Mastroianni, Alain Delon und Robert De Niro – erwiesen darin dem Kino und damit Michel Piccoli als lebendem Denkmal ihre

Reverenz. Der wiederum legte souverän den Großmimen und Imperator des Mediums aufs Parkett, ließ es sich aber nicht nehmen, dabei zugleich den eigenen Nimbus zu zerlegen: »Nieder mit diesen Gedenkveranstaltungen! Lang lebe die Anarchie! Ein Hoch aufs Begehren!«, zitierte er irgendwann Buñuel, den Atheisten von Gottes Gnaden.

Auch im »richtigen Leben« wollte sich Piccoli nicht als Denkmal betrachtet wissen, und der Bezeichnung als unverbesserlichem Workaholic widersprach er leidenschaftlich. Zwar hat er in seiner sieben Dekaden währenden Karriere in über zweihundert Filmen gespielt, in etwa halb so vielen Theaterstücken auf der Bühne gestanden und sich gut vier Dutzend Mal vor Fernsehkameras verausgabt; außerdem Filme von Marco Ferreri, Luis García Berlanga, Bertrand Tavernier, Francis Girod und Hans Noever (co-)produziert und zwischen 1991 und 2005 fünf Filme als Regisseur gedreht. Aber die ganze Filmemacherei sei eigentlich keine Arbeit, eher ein Vergnügen. Über seine Rolle in Manoel de Oliveiras Film *Je rentre à la maison* sagte er einmal: »Wir haben uns amüsiert wie Schuljungen, die einen Streich aushecken. Man braucht eben, wie Picasso sagt, sehr lange, um jung zu werden.«

Müsste ich den Sound dieses Buches beschreiben, so würde ich es mit »leicht ums Herz« versuchen. Gilles Jacob und Michel Piccoli entsagen allem denkbaren Brimborium, machen keine Schlussrechnung auf, geben kein Resümee, gehen nur gemeinsam ein kleines weiteres Stück des Weges und laden potentielle Leser*innen ein, sie auf diesem späten Spaziergang zu begleiten.

Als Piccoli am 12. Mai 2020 im Alter von 94 Jahren starb, schrieben Matthias Brandt und Christian Petzold in einem Gastbeitrag für die *Süddeutsche Zeitung*: »Die Verarbeitung von Todesnachrichten ist asynchron. Die Information und das, was du in dem Moment denkst und fühlst, passen fast nie zusammen (…) Eigentlich passend, denn Piccoli ist in seinem Spiel auch oft etwas asynchron. Er hat sein eigenes Tempo und nimmt sich die Freiheit, an ihn gerichtete Botschaften erst dann zu erwidern, wenn er es für angebracht hält. Oder manchmal eben auch gar nicht zu beantworten. Dadurch öffnet er sich dir als Zuschauer, gibt sich zu erkennen. Man muss als Spieler immer die Oberflächen zerkratzen und durchbrechen, beim anderen und bei sich selbst, Eingänge schaffen.«

Verwendete Literatur:

Luc Bondy: »Wie man am besten seinen Gehrock auszieht«, in: Heiko R. Blum: *Michel Piccoli. Seine Filme – sein Leben.* München 1993, S. 43f.

Michael Althen: »Der indiskrete Charmeur. Michel Piccoli wird 70 Jahre alt«, in: *Süddeutsche Zeitung,* 27. Dezember 1995

Rudolf Blum und Rolf Mühlemann: »Ich bin ein bißchen ein glücklicher Narr«, in: Heiko R. Blum: *Michel Piccoli. Seine Filme – sein Leben.* München 1993, S. 32

»L'acteur et le secret«. Entretien avec Michel Piccoli. Propos recueillis par Cyril Béghin, in: *Cahiers du Cinéma* 607 (Décembre 2005), S. 8

»Michel Piccoli, ses choix de vie, ses choix d'artiste«. Propos recueillis par Jacques Mandelbaum et Brigitte Salino, in : *Le Monde,* 30. August 2001

Matthias Brandt und Christian Petzold: »Grandezza hat Zeit. Nachruf auf ein Idol«, in: *Süddeutsche Zeitung,* 21. Mai 2020

Anmerkungen des Übersetzers

1 **Maxime Du Camp:** Gustave Flaubert (1821–1880) und Maxime Du Camp (1822–1894) unternahmen gemeinsame Reisen nach Ägypten und in die Bretagne. Ihr gemeinsames Buch *Über Felder und Strände. Eine Reise in die Bretagne* (1847) ist ein vierhändiger Reisebericht, bei dem Du Camp die geraden und Flaubert die ungeraden Kapitel verfasste. Du Camp war Abenteurer, Publizist und Fotograf. Als Mitbegründer der *Revue de Paris* sorgte er dafür, dass Flauberts *Madame Bovary* dort in sechs Folgen als zensierter Vorabdruck zwischen Oktober und Dezember 1856 erstmals erscheinen konnte.

2 Während der deutschen Besetzung Frankreichs (1940–1944) war **Charles de Gaulle** (1890–1970) Führer der von London aus operierenden Résistancegruppe Forces françaises libres (Streitkräfte für ein freies Frankreich). Unterstützt vom britischen Premierminister Winston Churchill rief er in einer Rundfunkansprache das französische Volk dazu auf, sich dem am 22. Juni 1940 vom französischen Staatschef **Philippe Pétain** (1856–1951) unterzeichneten Waffenstillstand mit dem Deutschen Reich zu widersetzen. Bis zum Ende des Zweiten Weltkriegs stand Pétain dem État français in Vichy vor, der eine konservativ-klerikal-paternalistische *Révolution nationale* sowie die Kollaboration mit den Besatzern propagierte. Gegen Pétain wurde 1945 wegen Kollaboration die Todesstrafe verhängt, die allerdings noch im gleichen Jahr in eine lebenslange Haftstrafe umgewandelt wurde. De Gaulle übte von 1944 bis 1946 das Amt des Präsidenten der Provisorischen Regierung Frankreichs aus. Im Zuge

des Algerienkriegs wurde er 1958 mit der Bildung einer Regierung als Ministerpräsident beauftragt und setzte eine Verfassungsreform durch, mit der die Fünfte Republik begründet wurde. Deren Präsident war er von Januar 1959 bis April 1969.

3 **Corrèze:** Das Département Corrèze liegt im Nordwesten des Massif Central und wurde nach dem gleichnamigen Fluss benannt, der es durchfließt. Die Region galt in der Anfangszeit der deutschen Besatzung als »unbehelligt« von Armeeverbänden oder der SS. Im weiteren Verlauf der *Occupation* wurde die Corrèze allerdings zu einem der Zentren der Résistance. Traurige Berühmtheit erlangte das von der Waffen-SS am 9. Juni 1944 begangene Massaker an der Bevölkerung von Tulle.

4 **Tulle:** Die Entfernung zwischen Orléans und Tulle beträgt etwa 350 km.

5 **Händler der vier Jahreszeiten:** Bezeichnung eines Obst- und Gemüsehändlers, der keinen festen Stand auf einem Markt hat, sondern mit seinem Karren durch die Straßen zieht.

6 **Lycée Louis-le-Grand:** Eine 1564 gegründete Eliteschule im 5. Arrondissement, die ein Lycée sowie vorbereitende Klassen für die Aufnahmeprüfungen der Grandes Écoles umfasst. Die Schule steht jedem offen und ist kostenlos, es gibt aber sehr strenge Aufnahmeprozeduren. Zu den Absolventen der Einrichtung gehören u.a. Charles Baudelaire, Pierre Bourdieu, René Clair, Victor Hugo, Molière und Voltaire.

7 **Paludes:** Eine 1895 erschienene satirische Erzählung von André Gide, die von einem Autor handelt, der *Paludes* schreibt und an sich selbst zweifelt. Der Erzähler lässt seine Freunde immer wieder über *Paludes* reden und schafft da-

rüber erstmals das Phänomen des »impliziten Lesers« in einem Roman.

8 **Gibert Jeune:** Legendäre Buchhandlung für neue und gebrauchte Bücher im Pariser Quartier Latin mit mehreren Filialen.

9 **Comédie-Française:** Die Comédie-Française – auch Maison de Molière genannt – ist die älteste Sprechbühne Frankreichs. Als einziges Nationaltheater verfügt sie über ein festes Ensemble. Sie wurde 1680 vom bekennenden Molière-Bewunderer Louis XIV gegründet, der zwei rivalisierende Theater-Ensembles zusammenlegte. Im Repertoire dominierten neben Molière die klassischen Dramatiker Jean Racine und Pierre Corneille. Seit dessen Bau im Jahr 1799 befindet sich das Stammhaus der Comédie-Française mit der Salle Richelieu im 1. Pariser Arrondissement. Daneben tritt die Truppe auch im Théâtre du Vieux-Colombier auf und im Studio-Théâtre.

10 **Andrée Bauer-Thérond:** Tragödin und Schauspiellehrerin. Sie wurde 1895 geboren. Das Datum ihres Todes ist unbekannt. Ihre Kurse besuchten u.a. Anouk Aimée, Françoise Arnoul und Richard Bohringer.

11 **Luis Mariano** (1914–1970): Tenor, Volkssänger und Gelegenheitsschauspieler. In Irun (Spanien) aufgewachsen, emigrierte er nach dem Ausbruch des Spanischen Bürgerkriegs nach Frankreich. In Kurt Gänzls *Encyclopedia of the Musical Theatre* sind 25 Filmauftritte zwischen 1938 und 1967 verzeichnet.

12 **Georges Douking** (1902–1987): Theater- und Filmschauspieler. Außerdem inszenierte er 1943 die Welturaufführung von Jean Giraudoux' *Sodom und Gomorrha*. In seiner Filmografie sind zwischen 1934 und 1981 75 Rollen verzeichnet.

13 **Le Cartel des quatre:** Das 1927 gegründete Cartel des quatre war ein Zusammenschluss von vier Theaterdirektoren und -regisseuren (Louis Jouvet [1887–1951], Charles Dullin [1885–1949], Gaston Baty [1885–1952] und Georges Pitoëff [1884–1939]), die ihre Inszenierungen als Kampfansage gegen »Akademismus und Boulevard« verstanden und sich für größere Sichtbarkeit eines Theaters der Avantgarde einsetzten. Sie stimmten ihre Programme wie auch die Preispolitik ihrer Häuser untereinander ab. Das Experiment kam zu einem Ende, als 1939 drei der Mitglieder des Cartel (Baty, Dullin und Jouvet) – zusammen mit Jacques Copeau – zur Erneuerung der Comédie-Française berufen wurden und der vierte (Pitoëff) im gleichen Jahr verstarb. Jacques Copeau (1879–1949), der kein Mitglied im Cartel war, aber von den vier Beteiligten als gemeinsames Vorbild geschätzt wurde, gilt als Schlüsselfigur des kulturellen Lebens im Frankreich der 1920er- bis 1940er-Jahre. In einem Porträt Copeaus schrieb Albert Camus: »Es gibt zwei Epochen des französischen Theaters: vor und nach Copeau.«

14 **André Antoine** (1858–1943): Schauspieler, Theaterdirektor und Filmregisseur. 1887 gründet er das Théâtre-Libre in Paris. Von vielen nachfolgenden Theater- und Filmkünstlern (Louis Jouvet, Julien Duvivier, Jean Epstein, Louis Delluc) wird Antoine als Begründer des modernen französischen Schauspiels angesehen.

15 Die von Michel Piccoli hier und im Folgenden genannten Theater waren private Unternehmen mit sehr divergenten künstlerischen und kommerziellen Ambitionen. In ihrer Unterschiedlichkeit prägten sie die Vielfalt des Pariser Theaterlebens der ausgehenden 1940er- und frühen 1950er-Jahre.

16 **Les Frères Jacques:** Gesangs- und Kabarettgruppe, bestehend aus André Bellec (1914–2008), Georges Bellec (1918–

2012), Paul Tourenne (1923–2016) und François Soubeyran (1919–2002). Am Klavier ließen sie sich bis 1965 von Pierre Philippe begleiten. Anschließend, bis 1982, übernahm Hubert Degex dessen Rolle. Das Repertoire der Combo bestand aus traditionellen Chansons, humoristischen Parodien klassischer Stücke und musikalischen Variationen zu den Fabeln von La Fontaine.

17 **Jean Vilar** (1912–1971): geborener Schauspieler, Theaterregisseur und -intendant. Er studierte bei Charles Dullin am Théâtre de l'Atelier, gründete 1943 das Théâtre de Poche und 1947 das Festival von Avignon. Nachdem er 1951 das Théâtre National Populaire übernahm, versuchte er diese Bühne zu einem Volkstheater in seiner ursprünglichen Bedeutung umzuwandeln.

18 **Maria Casarès** (1922–1996): französische Schauspielerin spanischer Herkunft. Sie debütierte in Marcel Carnés *Les enfants du paradis* (1945). Robert Bresson besetzte sie in *Les dames du bois de Boulogne* (1945) und sie spielte die Hauptrollen in den beiden Orpheus-Filmen von Jean Cocteau: *Orphée* (1950) und *Le testament d'Orphée* (1960). 1956 nutzte sie ihre Berühmtheit und nahm an Georges Franjus Dokumentarfilm *Le Théâtre National Populaire* teil, um Jean Vilars Projekt eines Volkstheaters, zu dessen Ensemble sie gehörte, einem breiteren Publikum bekannt zu machen.

19 **Alain Cuny** (1908–1994): Nachdem er bei Charles Dullin Schauspiel studiert hatte, arbeitete er zunächst als Ausstatter und Kostümbildner für Alberto Cavalcanti, Jacques Feyder und Jean Renoir. In den 1950er-Jahren war er festes Ensemblemitglied in der Theatertruppe von Jean-Louis Barrault und Madeleine Renaud. Als Filmdarsteller spielte er Hauptrollen bei Marcel Carné (*Les visiteurs du soir*, 1942), Jean Delannoy (*Notre-Dame de Paris*, 1956) und Francesco

Rosi (*Uomini contro*, 1970). Sein Regiedebüt lieferte er 83-jährig mit *L'annonce faite à Marie* (1991).

20 **Jean-Louis Barrault** (1910–1994): Schauspieler, Pantomime und Regisseur. Seine bekannteste Filmrolle als Baptiste Debureau übernahm er in Marcel Carnés *Les enfants du paradis* (1945). 1940 wurde er Mitglied der Comédie-Française. 1946 gründete er zusammen mit seiner Frau Madeleine Renaud die Privatbühne Compagnie Renaud-Barrault. 1959 wurden sie gleichberechtigt zu Direktoren des staatlichen Théâtre de France berufen. 1974 wurde die Compagnie Renaud-Barrault neu gegründet und spielte vorübergehend im damals leerstehenden Bahnhof Gare d'Orsay. 1981 erhielt die Truppe das Théâtre du Rond-Point an den Champs-Élysées als festen Spielort. Bis zu ihrem Tod im Jahr 1994 wurde das Haus von Madeleine Renaud und Jean-Louis Barrault gemeinsam geführt.

21 **Madeleine Renaud** (1900–1994): 1921 trat sie in die Comédie-Française ein. In den 1930er- und 1940er-Jahren war sie die Stammschauspielerin in den Filmen von Jean Grémillon (u.a. *Lumière d'été*, 1943); 1952 spielte sie eine der Hauptrollen in Max Ophüls' *Le plaisir*. 1946 gründete sie zusammen mit ihrem Mann Jean-Louis Barrault die Privatbühne Compagnie Renaud-Barrault.

22 **Éléonore Hirt** (1919–2017): schweizerisch-französische Schauspielerin. 1948 spielte sie neben Maria Casarès und Pierre Brasseur eine der Hauptrollen in Albert Camus' Stück *L'état de siège*, eines der Theaterereignisse der Nachkriegszeit. Ihren ersten großen Filmerfolg hatte sie 1962 an der Seite von Brigitte Bardot in *Vie privée* von Louis Malle. Obwohl sie in rund zwanzig Filmen mitwirkte, blieb sie in ihrer 60-jährigen Karriere vor allem dem Theater verbunden.

23 **Jean-Marie Serreau** (1915–1973): Schauspieler und Regisseur. Gründer und Direktor mehrerer Pariser Privatbühnen, darunter des Théâtre de Babylone, des Théâtre de la Tempête und der Cartoucherie. Er brachte die Werke vieler Meister des modernen Theaters auf die Bühne, darunter Stücke von Samuel Beckett, Jean Genet, Eugène Ionesco und Aimé Césaire.

24 **Christian-Jaque** (1904–1994): 1932 drehte er seinen ersten Film als Regisseur: *Le bidon d'or.* Für *Les perles de la couronne* (1937) erhielt er bei den Filmfestspielen von Venedig, zusammen mit Regisseur und Hauptdarsteller Sacha Guitry, die Auszeichnung für das Beste Drehbuch. Während der deutschen Besatzung Frankreichs im Zweiten Weltkrieg drehte er Filme für die deutsche Firma Continental und arbeitete zugleich für die französische Untergrundarmee, die Forces françaises de l'intérieur. In den 1950er-Jahren drehte er aufwendige Kostümfilme, darunter *Fanfan la Tulipe* (1952).

25 **Rue Jenner:** In einer alten Fabrikhalle in der Rue Jenner hatte sich Jean-Pierre Melville den Traum eines eigenen Filmstudios erfüllt.

26 **Villa Malaparte:** An der Ostküste von Capri gelegene Villa des Schriftstellers Curzio Malaparte (1898–1957). Ein spektakulärer Bau auf einem ebenso spektakulären Felsvorsprung. Das 10 Meter breite und 50 Meter lange zweigeschossige Gebäude fällt schon aus der Ferne durch seinen roten Anstrich ins Auge. 1998 – zum hundertsten Geburtstag Malapartes – wurde das baufällige Haus aufwendig restauriert.

27 **La chleuh:** Abfällige Bezeichnung für die deutschen Besatzer. Insofern auch als Synonym für »Boche« zu verstehen. Zuvor auch als Bezeichnung für Franzosen aus Grenzregi-

onen gebräuchlich, in deren Idiom auch Elemente aus der Sprache des Nachbarlands Eingang gefunden haben. Der Begriff bezieht sich ferner auf ein Berbervolk in Marokko, die Chleuh.

28 **Jean Aurel** (1925–1996): Drehbuchautor und Regisseur. Er schrieb u.a. drei Drehbücher für François Truffaut, darunter das Drehbuch von *La femme d'à côté* (1981).

29 **Marcel Bluwal** (1925–2021): Regisseur und Drehbuchautor. Von André Bazin in der Zeitschrift *Radio, Ciné, Télévision* als »eines der drei oder höchstens vier Originaltalente des französischen Fernsehens« gewürdigt.

30 **Théâtre de l'Athénée:** Theater in Paris. Das Theater wurde zwischen 1934 und 1951 von Louis Jouvet geleitet.

31 **François Darbon** (1915–1998): Schauspieler, Regisseur und Schriftsteller. Er war in weit über hundert Kino- und Fernsehfilmen zu sehen, spielte aber meist nur Nebenrollen. Er schrieb außerdem mehrere Romane.

32 **Gers:** Das Département Gers liegt im Südwesten Frankreichs und wird der Region Okzitanien zugerechnet.

33 **Patrice Chéreau** (1944–2013): Theater-, Film- und Opernregisseur. Außerdem Drehbuchautor und Schauspieler. Bereits in den 1960er-Jahren gründete er im Pariser Vorort Sartrouville ein engagiertes Volkstheater und arbeitete seit 1970 eng mit dem Mailänder Piccolo Teatro von Giorgio Strehler zusammen. 1982 übernahm er mit Catherine Tasca die Leitung des Théâtre de Nanterre, das in der Folgezeit Théâtre des Amandiers hieß. Internationales Aufsehen erregte das Theater 1984 mit Luc Bondys Inszenierung von Arthur Schnitzlers *Das weite Land,* in der Michel Piccoli und Bulle Ogier die Hauptrollen spielten. Seinen ersten Film, *La chair de l'orchidée,* drehte Patrice Chéreau 1975. Sein größter Leinwanderfolg war *La reine Margot* (1994);

Intimacy (2001) löste aufgrund seiner expliziten Sexszenen kontroverse Diskussionen aus.

34 **Bernard-Marie Koltès** (1948–1989): Autor, Regisseur und Dramatiker. Die erste Spielzeit als Intendant des Théâtre des Amandiers eröffnete Patrice Chéreau mit Koltès' Stück *Kampf des Negers und der Hunde (Combat de nègre et de chiens)* und inszenierte in der Folgezeit alle weiteren Stücke des Autors.

35 **Artmedia:** Die Namen der Klienten dieser 1970 gegründeten Künstleragentur lesen sich wie ein Who's who des französischen Kinos der 1970er- und frühen 1980er-Jahre. Catherine Deneuve, François Truffaut, Gérard Depardieu, Patrick Dewaere, Isabelle Adjani, Jean-Paul Belmondo und Romy Schneider … Gérard Lebovici »hatte sie alle« und mit Artmedia war er für anderthalb Jahrzehnte ein Dreh- und Angelpunkt des französischen Films. Lebovici betrieb auch den Verlag Champ Libre, den Hausverlag von Guy Debord. Lebovici verstarb 1984 als Opfer eines bis heute ungeklärten Mords.

36 **Lionel Jospin** (*1937): Politiker, seit seiner Jugend Mitglied der Parti socialiste. 1997–2002 Premierminister der Fünften Republik unter dem Staatspräsidenten Jacques Chirac. Nach dem Ende seiner Amtszeit zog er sich überraschend aus dem politischen Leben zurück und schrieb mehrere Bücher zu offenen Fragen der französischen Nationalgeschichte (u. a. *Le mal napoléonien,* 2014). Seine Autobiografie *Le monde comme je le vois* erschien bereits 2005, worin er u. a. seine Ideen für eine europäische Verfassung darlegte.

37 **Georges Conchon** (1925–1990): Schriftsteller und Drehbuchautor. Seine ersten beiden Bücher *Les grandes lessives* (1953) und *Les chemins écartés* (1954) verschafften ihm eine Anstellung als Redakteur bei der Zeitung France-Soir.

Mit dem Roman *L'État sauvage* gewann er 1964 den Prix Goncourt. Als Drehbuchautor arbeitete er mehrfach mit Jacques Rouffio und Francis Girod zusammen. Außerdem schrieb er das Drehbuch zu Jean-Jacques Annauds erstem Film *La Victoire en chantant* (1976) sowie zu Patrice Chéreaus *Judith Therpauve* (1978).

38 **Paulo Branco** (*1950): unermüdlicher Indie-Filmproduzent, der seit 1979 mit Produktions- und Verleihbüros in Paris und Lissabon zum Ermöglicher von über 300 Filmen wurde, darunter Titel von David Cronenberg, Wim Wenders, Werner Schroeter, Paul Auster, Raúl Ruiz und Manoel de Oliveira.

39 **François Maspero** (1932–2015): Autor, Journalist, Verleger und Übersetzer. Er gründete 1955, wenige Wochen nach Beginn des Algerienkrieges, die Pariser Buchhandlung *La Joie de lire*, aus der 1959 der Verlag Éditions Maspero entsprang. Er ging das Risiko ein, *Les Damnés de la terre (Die Verdammten dieser Erde)* von Frantz Fanon (mit einem Vorwort von Jean-Paul Sartre) zu verlegen. Auch weil er Dokumente über Kriegsverbrechen und Folter während des Algerienkrieges veröffentlichte, wurden mehrere Anschläge auf ihn verübt. In den 1970er- und 1980er-Jahren publizierte und übersetzte er Erzählungen von Václav Havel und Jürgen Fuchs ins Französische. 2015 wurde er unter ungeklärten Umständen tot in seiner Wohnung aufgefunden.

40 **Éditions André Sauret:** Der Verlag publizierte zwischen 1952 und 1976 Kunstdrucke in kleiner Serie, darunter Werke von Paul Delvaux und Jean Carzou, außerdem hochwertige Mappen mit Lithographien von Marc Chagall sowie Ausstellungskataloge.

41 **Juan Luis Buñuel** (1934–2017): Regisseur und Drehbuchautor, Sohn von Luis Buñuel. Als Regieassistent arbeitete er ab 1959 für seinen Vater und andere berühmte Regisseure

wie Orson Welles und Louis Malle. Ab den frühen 1970er-Jahren drehte er schließlich eigene Spielfilme, darunter *Au rendez-vous de la mort joyeuse*, *La femme aux bottes rouges* und *Léonor*.

42 Das erwähnte Bondy-Projekt war Harold Pinters *Die Heimkehr* (*The Homecoming*, 1964), das Michel Piccoli aus Termingründen schließlich absagen musste. Luc Bondy inszenierte das Stück 2012 am Pariser Odéon mit Bruno Ganz in der Hauptrolle.

Verzeichnis der erwähnten Filme

7 morts sur ordonnance (Quartett Bestial), Jacques Rouffio, 1975
Adieu Bonaparte (Leb wohl, Bonaparte!), Youssef Chahine, 1985
Alors voilà, (Voilà – Eine schöne Familie), Michel Piccoli, 1997
Atlantic City (Atlantic City, USA), Louis Malle, 1980
Belle de jour (Belle de jour – Schöne des Tages), Luis Buñuel, 1967
C'est pas tout à fait la vie dont j'avais rêvé (Das Leben ist eine Orgie), Michel Piccoli, 2005
César et Rosalie (César und Rosalie), Claude Sautet, 1972
De l'amour (Verführungen), Jean Aurel, 1964
Des enfants gâtés (Verwöhnte Kinder), Bertrand Tavernier, 1977
Dillinger è morto (Dillinger ist tot), Marco Ferreri, 1969
Dom Juan (Don Juan – Molière), Marcel Bluwal, 1965
French Cancan (French Can Can), Jean Renoir, 1955
Grandeur nature (Lebensgroß), Luis García Berlanga, 1974
Il generale dell'armata morta (Der General der toten Armee), Luciano Tovoli, 1983
Jardins en automne (Gärten im Herbst), Otar Iosseliani, 2006
Je rentre à la maison (Ich geh' nach Hause), Manoel de Oliveira, 2001
L'État sauvage (Lautlose Angst), Francis Girod, 1978
La grande bouffe (Das große Fressen), Marco Ferreri, 1973
La mort en ce jardin (Pesthauch des Dschungels), Luis Buñuel, 1956
La part du feu (Das gefährliche Spiel von Ehrgeiz und Liebe), Étienne Périer, 1978
La plage noire (Der schwarze Strand), Michel Piccoli, 2001
Le chalet sous la neige, Lazare Iglésis, 1959
Le Doulos (Der Teufel mit der weißen Weste), Jean-Pierre Melville, 1962

Le Mépris (Die Verachtung), Jean-Luc Godard, 1963
Le parfum de la dame en noir (Das Parfüm der Dame in Schwarz), Louis Daquin, 1949
Le point du jour (Vor Tagesanbruch), Louis Daquin, 1949
Le trio infernal (Trio Infernal), Francis Girod, 1974
Léonor (Eleonore - Der gläserne Tod), Juan Luis Buñuel, 1975
Les cent et une nuits de Simon Cinéma (Hundert und eine Nacht – Die Träume des M. Cinéma), Agnès Varda, 1995
Les choses de la vie (Die Dinge des Lebens), Claude Sautet, 1970
Max et les ferrailleurs (Das Mädchen und der Kommissar), Claude Sautet, 1971
Milou en mai (Eine Komödie im Mai), Louis Malle, 1990
Themroc, Claude Faraldo, 1973
Topaz (Topas), Alfred Hitchcock, 1969
Touche pas à la femme blanche! (Berühre nicht die weiße Frau), Marco Ferreri, 1974
Vincent, François, Paul… et les autres (Vincent, François, Paul und die anderen), Claude Sautet, 1974

Bildnachweis

Schutzumschlag und Seite 2 : Michel Piccoli bei den Dreharbeiten zu *Les Créatures* (1965) von Agnès Varda. Foto: Agnès Varda. © Agnès Varda Estate – Agnès Varda Photographic Archives/Institut pour la photographie des Hauts-de-France

Seite 21: Michel Piccoli bei den Dreharbeiten zu *Les Demoiselles de Rochefort* von Jacques Demy. Foto: Hélène Jeanbrau. © 1966 Ciné-Tamaris

Seite 35: Michel Piccoli in *L'habit merveilleux du Roi* (nach Hans-Christian Andersens Märchen *Des Kaisers neue Kleider*), ca. 1935 im Collège d'Annel. Foto: Privat

Seite 57: Michel Piccoli und Simone Bouchateau in *Phèdra* von Jean Racine, TNP Chaillot, Paris 1957. © Agnès Varda Estate – Agnès Varda Photographic Archives/Institut pour la photographie des Hauts-de-France

Seite 76, 79: Archiv Stiftung Deutsche Kinemathek

Seite 88: Michel Piccoli und Romy Schneider in *Les choses de la vie* von Claude Sautet, 1970. Filmbild Fundus

Seite 106: Gérard Depardieu, Yves Montand, Michel Piccoli und Serge Reggiani in *Vincent, François, Paul … et les autres*, 1974. Filmbild Fundus

Seite 124: Ludivine C. Piccoli und Michel Piccoli, 1996. Foto: Privat

Seite 135: Michel Piccoli in *John Gabriel Borkman* von Henrik Ibsen, Regie: Luc Bondy, 1993. Fotos: Ruth Walz

Seite 139: Michel Piccoli in Cannes. Foto: Gilles Jacob

Seite 145: Michel Piccoli und Gilles Jacob, 2015. © JF PAGA-Grasset

FILM- UND THEATERBÜCHER
IM ALEXANDER VERLAG BERLIN

LUIS BUÑUEL/JEAN-CLAUDE CARRIÈRE
Mein letzter Seufzer
Erinnerungen

CLAUDE SAUTET –
REGISSEUR DER ZWISCHENTÖNE
Gespräche mit Michel Boujut

GEOFFREY LAYTON (HG.),
LUC BONDY
In die Luft schreiben
Luc Bondy und sein Theater

CLAUDE CHABROL/ÉRIC ROHMER
Hitchcock
Herausgegeben von Robert Fischer

ROBERT BRESSON

Notizen zum Kinematographen

Mit einem Vorwort von
Jean-Marie Gustave Le Clézio
und einem Nachwort von Dominik Graf
Herausgegeben von Robert Fischer

ANDRÉ BAZIN

Was ist Film?

Mit einem Vorwort von Tom Tykwer und
einer Einleitung von François Truffaut
Herausgegeben von Robert Fischer

PETER BROOK

Der leere Raum

MICHAEL CAINE

Die verdammten Türen sprengen
und andere Lebenslektionen